Adriane Sanctis de Brito
Luciana Silva Reis
Ana Silva Rosa
Mariana Celano de Souza Amaral

# A LEI DA BALA, DO BOI E DA BÍBLIA

Cultura democrática em crise
na disputa por direitos

SÃO PAULO
TINTA-DA-CHINA BRASIL
MMXXIV

**PREFÁCIO** — Renáta Uitz **7**

**INTRODUÇÃO 13**

**A LEI DA BALA 23**
Uma onda nas políticas
 de segurança pública **24**
Entre armamentismo e forças públicas **27**
"Salvaguarda da ordem": os lemas da "bala" **39**
Democracia, separação de
 poderes e vontade popular **43**
Entre direitos e liberdades **46**
"Verdadeiras vítimas" e seus inimigos **52**
Realidade e ideologia **58**
As direções da "bala" **61**

**A LEI DO BOI 65**
Uma onda no ruralismo **66**
Frentes de expansão e seus obstáculos **70**
"A coluna vertebral do país":
 produtividade acima de tudo? **82**
Democracia, separação de poderes,
 pacto federativo e soberania popular **87**
Entre direitos e liberdades **90**

"Verdadeiras vítimas" e seus inimigos  **97**
Realidade e ideologia  **101**
As direções do "boi"  **103**

**A LEI DA BÍBLIA  107**
Uma onda no campo moral e religioso  **108**
Expansão religiosa e regulação moral  **115**
"Promotora do bem comum":
    Igreja, família e paz social  **140**
Democracia, separação de
    poderes e segurança jurídica  **145**
Entre direitos e liberdades  **149**
"Verdadeiras vítimas" e seus inimigos  **165**
Realidade e ideologia  **168**
As direções da "Bíblia"  **170**

**CULTURA POLÍTICA DEMOCRÁTICA**
    **NA TRINCHEIRA DOS DIREITOS  175**

Agradecimentos  **181**
Notas  **183**
Referências bibliográficas  **215**
Sobre o LAUT  **227**
Sobre as autoras  **228**

# Prefácio

O primeiro quarto do século XXI foi marcado pelo declínio da democracia e uma nova onda de autocratização em escala global. Líderes políticos populistas e iliberais têm real apelo eleitoral tanto em democracias estabelecidas quanto em democracias frágeis, antigas ou novas. A eleição e a presidência de Jair Bolsonaro não foram uma exceção — são o exemplo clássico de uma tendência global marcada pelos sucessos eleitorais de Viktor Orbán, Narendra Modi e Donald Trump. Quando Luiz Inácio Lula da Silva venceu a eleição presidencial em outubro de 2022, o Brasil se afastou dessa tendência e assegurou seu lugar no panteão das democracias constitucionais maduras. Lula garantiu a presidência com uma vitória eleitoral dramática contra um incumbente que não hesitou em mobilizar os recursos do Estado para permanecer no poder a qualquer custo.

A vitória eleitoral de Lula em 2022 — na esteira da derrota de Trump nas urnas em 2021 — aumentou a confiança dos apoiadores da democracia constitucional em todo o mundo. *Think tanks*, formadores de opinião e acadêmicos (como Steven Levitsky e Lucan A. Way) começaram, ainda que de maneira cautelosa, a sugerir que, ao contrário do que temiam as previsões mais pessimistas, a democracia constitucional talvez seja mais resiliente a reações iliberais e autocráticas.[1] Em 2024, Marcus André Melo e Carlos Pereira argumentaram que a democracia brasileira não tinha morrido porque as instituições (incluindo as constitucionais) resistiram a práticas políticas autocráticas.[2] O presidencialismo de coalizão brasileiro pode ter sido um obstáculo a emendas constitucionais formais. Ao mesmo tempo, também foi necessária uma agilidade judicial extraordinária (especialmente do Tribunal Supremo Eleitoral) para impedir práticas iliberais e autocráticas antes, durante e bastante tempo depois das eleições presidenciais. As salvaguardas judiciais são complementadas pela imprensa livre, aliança que não pode ser tomada como garantida nem mesmo nas melhores circunstâncias[3] (especialmente nesta época, em que as redes sociais espalham a desinformação com extrema rapidez, fragmentando a comunidade política em realidades paralelas feitas sob medida para cada grupo).[4]

Quando Lula foi reeleito, o vocabulário da contestação política mudou de maneira fundamental. Bolsonaro e o bolsonarismo moldaram a imaginação constitucional de forma duradoura para além das fronteiras do Brasil. Elucubrações presidenciais acerca do uso da força contra oponentes políticos, jornalistas e defensores dos direitos humanos, ataques à independência judicial, demonização de minorias étnicas, de gênero ou religiosas tornaram-se parte do discurso político cotidiano. Quando o autocrata filipino Rodrigo Duterte afirmou em 2016 que os jornalistas "não estavam isentos de serem assassinados" (inaugurando, assim, uma temporada de execuções na imprensa independente), seu discurso soou exagerado. Depois de o presidente Donald Trump encorajar seus apoiadores a contestar o resultado da eleição presidencial dos Estados Unidos (votação que ele perdeu), um grupo armado de trumpistas invadiu o Capitólio em 6 de janeiro de 2021. Dessa forma, a violência flagrante foi incorporada ao vocabulário político do retrocesso democrático, tanto que, após sua derrota eleitoral, os apoiadores de Bolsonaro invadiram e destruíram vários prédios públicos em Brasília, em 8 de janeiro de 2023, uma semana depois da cerimônia de posse do presidente Lula.

Em fevereiro de 2024, o jornal britânico *Financial Times* relatou que Bolsonaro e seus apoiadores chegaram a planejar um golpe para anular a eleição presidencial: "O plano fracassou porque Bolsonaro temeu não ter apoio suficiente do Exército. Ele também perdeu poder de articulação devido ao rápido reconhecimento da vitória de Lula por uma ampla gama de líderes políticos em Brasília".[5] O golpe pode ter falhado, mas a ideia de que vale a pena tentar manter o mais alto cargo eletivo com o uso de uma engenharia constitucional iliberal e até mesmo autocrática foi implantada com segurança no universo do politicamente plausível. O ex-presidente Trump, reeleito em 2024, pode até ter sido ambivalente em relação à sua associação com o Projeto 2025[6] — um projeto de transição presidencial que descreve um plano de consolidação do domínio de um segundo mandato de Trump —, mas o fato de esse roteiro ter sido desenvolvido com tanta minúcia é um exemplo claro de que os tempos mudaram: ao menos uma década de retrocesso democrático reformulou de maneira crucial o imaginário de um governo constitucionalmente estruturado e democraticamente eleito.

Estudos constitucionais comparados têm documentado a supressão "criativa" dos limites dos mandatos presidenciais, as reformas judiciais, juntamente com o aparelhamento do Judiciário, as restrições à sociedade civil (o "encolhimento do espaço cívico") e a eliminação da dissidência. Essa literatura registra o aprendizado e a adaptação constitucional iliberal (*à la* manual dos autocratas) em diferentes mudanças graduais. Com a transformação desse imaginário, a criatividade constitucional iliberal também floresceu. As manobras constitucionais da Rússia para se libertar de obrigações internacionais (incluindo aquelas relacionadas aos direitos humanos) não são novidade. As reformas judiciais de 2024 postas em prática pelo presidente mexicano Andrés Manuel López Obrador são um ótimo exemplo dessas transformações: como presente de despedida, AMLO, como é conhecido, instituiu a eleição popular de cerca de 7 mil juízes em vários níveis do Judiciário mexicano, incluindo a Suprema Corte.[7]

Essa literatura é complementada por trabalhos sobre o impacto da mobilização jurídica conservadora, especialmente porque ela afeta os direitos reprodutivos das mulheres e ameaça os direitos LGBTQIA+.[8] Os acadêmicos também começaram a rastrear os modos como a linguagem jurídica é sequestrada por atores populistas, iliberais e, por vezes, autoritários. Até agora, esse trabalho se concentrou principalmente na esfera dos direitos humanos, em novos quadrantes alternativos na defesa e no litígio em direitos humanos.[9] A jurista inglesa Gráinne de Búrca e a pesquisadora australiana Katharine Young definem essa apropriação inidônea dos direitos humanos como "a implantação, por um conjunto específico de atores, de uma série de estratégias e argumentos [...] avançados no uso da linguagem de proteção dos 'direitos humanos', mas que geralmente objetivam reverter ou desfazer compromissos e conquistas anteriores dos direitos humanos".[10] Evidências de subterfúgio, falsidade, camuflagem, má-fé e propósitos dissimulados são essenciais para o conceito de apropriação indevida.[11]

Pode-se argumentar que há mais em causa nos jogos de linguagem populista e iliberal do que a mera apropriação indevida de termos e conceitos-chave. Atores populistas tendem a se concentrar na defesa dos direitos da "maioria moral" (as "pessoas reais") em detrimento dos direitos de outros que são diferentes.[12] A depender das preferências políticas, as reações populistas categorizam a maioria em termos de religião, raça, etnia ou origem. Quando a sobrevivência da nação se torna uma preocupação premente, os papéis tradicionais de gênero e os valores familiares ganham notoriedade nas reações populistas. Atores iliberais buscam maximizar os poderes políticos daqueles que afirmam representar essa maioria moral. Dessa forma, tanto as reações populistas quanto as iliberais buscam redefinir a democracia em termos majoritários. Embora uma concepção apenas majoritária (procedimental) da democracia seja uma proposição intelectualmente plausível, ela constitui um afastamento relevante da visão de democracia como uma forma de governo de e para uma comunidade política diversa e plural. Esses deslocamentos estão no cerne dos jogos de linguagem que buscam redefinir o vocabulário da democracia constitucional e o imaginário constitucional que é construído com base nesse vocabulário.

Este livro inovador fornece evidências empíricas de práticas iliberais e autocráticas visando o imaginário da democracia constitucional para além da superfície institucional, trabalhando no *interior* dos três Poderes. A pesquisa confirma que os jogos de linguagem populistas, iliberais ou autocráticos não são (e não devem ser tratados como) meras execuções de uma ideologia política coerente. Em vez disso, tais jogos de linguagem que acontecem em cada um dos Poderes são destinados a abrir espaço para a adaptação e o crescimento populista, iliberal ou autocrático, de acordo com a avaliação dos atores políticos ao longo do tempo.

As descobertas das autoras, de que narrativas seculares servem para acomodar políticas de inspiração religiosa, são um lembrete importante para os defensores da democracia constitucional. Quando líderes iliberais ou autocráticos são substituídos por meio de eleições democráticas, o produto oficial de seu trabalho se torna uma cápsula do tempo — esperando para ser ativada por estratégias de contestação política e legal. Os resultados desta pesquisa contribuem com descobertas essenciais para a compreensão de práticas iliberais e autocráticas no cerne das instituições constitucionais, lançando uma nova luz sobre as dinâmicas e os repositórios de resiliência constitucional — que podem servir às forças democráticas ou iliberais. Um livro necessário.

*Renáta Uitz*
Professora de Direito e Governo / Royal Holloway, Universidade de Londres;
Pesquisadora sênior, Instituto da Democracia, Universidade Central Europeia

Tradução de Roberta Fabbri Viscardi

# Introdução

> A lei é real, mas também é fruto da nossa imaginação. Como todas as instituições sociais fundamentais, lança uma sombra de crença popular que pode, em última análise, ser mais significativa, embora mais difícil de compreender, do que as autoridades, regras e sanções que normalmente associamos à lei. Aquilo em que acreditamos reflete os nossos valores e também colore nossas percepções. A parcela da lei em que acreditamos se relaciona diretamente com a legitimidade das nossas instituições políticas.[1]
>
> Stuart A. Scheingold

Atores dos campos conservador e reacionário vêm se valendo de direitos e garantias constitucionais para construir suas pautas no debate público brasileiro. Nesse processo, projetam imagens e contraimagens sobre a sociedade, o Estado e a democracia. "O agronegócio é a coluna vertebral do país." "A Igreja é a promotora do bem comum." "Armamentos e forças de segurança são salvaguardas contra o crime." Afirmações como essas, articuladas a concepções sobre direitos e liberdades, constituem os discursos de diferentes linhas de força[2] que pautam a discussão acerca de temas centrais da política nacional, como segurança pública, educação e saúde.

Este livro analisa os argumentos construídos por meio da linguagem de direitos nas áreas tradicionalmente chamadas de BBB, sigla usada para identificar as bancadas organizadas no Congresso Nacional em torno da "bala", do "boi" e da "Bíblia". Como a atual onda conservadora[3] da política brasileira ultrapassa os trabalhos parlamentares, esses termos servirão aqui como referenciais para observar variadas formas de articulação em diferentes espaços institucionais do Estado, não apenas no Congresso Nacional. O estudo de casos no Legislativo, no Executivo e no Judiciário brasileiros ajudará a compreender a abrangência desse movimento.

## Disputas jurídicas e cultura política democrática

As constituições e o direito em geral não são garantias absolutas contra a erosão democrática. Hoje uma espécie de lugar-comum, esse diagnóstico é recorrente na literatura contemporânea sobre direito e política. Identifica-se, por exemplo, o sequestro das democracias constitucionais por autocratas que atacam instituições e expandem seu poder e o de seus aliados, instrumentalizando o direito para projetar uma imagem de legalidade — o chamado "legalismo autocrático".[4] Líderes populistas, nacionalistas e autoritários invocam os direitos humanos em seus discursos, colocando-os "a serviço de fins que são excludentes, repressivos, antipluralistas em essência" — a despeito da tradição protetiva desses direitos em relação aos indivíduos (especialmente as minorias) contra as ingerências estatais —, fenômeno visto como uma "apropriação indevida" ("*misappropriation of human rights*").[5]

"Legalismo autocrático" e "apropriação indevida de direitos" são noções que surgem do incômodo diante da disjunção, aparentemente abrupta, entre, de um lado, as garantias constitucionais e os direitos e, de outro, a democracia. Muito do pensamento político ocidental se constituiu com base na ideia de que esses termos seriam *evidentemente* um par harmonioso.[6] Se isso enfatizou o poder socialmente estabilizador da noção de Estado democrático de direito, também deixou na sombra o fato de que todos os ideais aí inscritos — Estado, democracia, legalidade e direitos — são objetos de disputas ferrenhas.

Neste livro, tratamos de parte dessas disputas no contexto da *cultura política democrática* brasileira, ou seja, disputas em torno de "noções que balizam visões de mundo, que legitimam a maneira como se distribuem riqueza, poder, recursos ambientais, reconhecimento social".[7] É na cultura política — o conjunto de instituições formais e informais, de regras explícitas e implícitas, de saber teórico e de saber prático — que se expressa concretamente aquilo que os ideais afirmam de forma abstrata. Adotamos essa lente para analisar um traço específico das democracias contemporâneas: a mobilização do direito para efetivar objetivos políticos.

## A força das "farsas"

Mobilizações jurídicas para efetivar direitos de grupos minoritários ou discriminados foram e ainda são fartamente estudadas pelas ciências sociais. Porém, essas mobilizações (principalmente demandas judiciais, mas também outras estratégias de pressão) em geral tinham relação com processos de consolidação da democracia, e não com a sua erosão.[8] Tradicionalmente associado ao progressismo e à esquerda, esse tipo de ativismo, quando usado em favor de pautas conservadoras e à direita, tem sido menos explorado por estudos acadêmicos, sobretudo no Brasil.[9] Seja como for, o uso estratégico do direito pelos movimentos sociais não costuma ser analisado no contexto da *crise* das democracias.

De um lado, o fenômeno é recebido com tranquilidade: o que, afinal, pode haver de mal na atuação de grupos ideologicamente diversos propondo suas pautas por meio da linguagem jurídica? Não será esse o objetivo das democracias liberais? De outro, se a mobilização jurídica é associada a pautas regressivas, como uma "apropriação indevida", a reação mais frequente é subestimar o risco que ela representa. Vale a pena dedicar atenção a uma farsa, a uma tentativa, muitas vezes malsucedida, de legitimar pautas conservadoras e reacionárias com o uso aparentemente vazio e hipócrita da linguagem do direito?

Para compreender o que está em jogo, é necessário perceber a força da linguagem jurídica para além dos seus efeitos imediatos. O conteúdo atribuído diariamente às normas da Constituição não tem consequências apenas casuísticas — com uma posição prevalecendo sobre outras e atores políticos ganhando ou perdendo —, mas acaba por impactar o próprio caráter dos regimes constitucionais. O acúmulo de interpretações ora progressistas, ora reacionárias sobre direitos e instituições jurídicas permite que um regime político oscile entre o republicanismo e o autoritarismo.[10] Em conjunto, as interpretações do direito — isto é, as disputas pelo seu significado — podem configurar concepções restritivas (e, por vezes, discriminatórias e até racistas) de cidadania e de liberdades civis, em detrimento de outras, que propõem visões mais amplas e pluralistas. Essas interpretações podem também concentrar poder e desequilibrar regimes de forma cumulativa, sem "golpes" no sentido clássico nem subversões explicitamente reconhecidas ou eventos marcantes de violência política.[11] Nesse processo, o risco antidemocrático não deixa de existir pela simples derrota eleitoral de líderes autocratas.[12]

O direito é uma forma de ação política. Em termos teóricos, pode ser considerado um subgênero discursivo do campo político.[13] Ele é central para a vida em comum, pois regula, limita e "traduz" o mundo por meio de formas que fornecem orientações gerais, como constituições, leis, decretos etc. Mas essas formas não esgotam o direito. Elas são objeto de disputas de interpretação em espaços oficiais e não oficiais: também são parte do direito os discursos divergentes sobre quem tem direito a quê, sobre até onde vão os direitos e as liberdades, sobre quais devem ser as situações e as pessoas protegidas numa sociedade. A *linguagem jurídica* é um modo potente e extremamente maleável de posicionar sujeitos e ordenar a vida em sociedade em meio à ação política. Mesmo quando não se efetivam de imediato (quando, por exemplo, projetos de lei não são aprovados, argumentações não são acolhidas por tribunais, agendas políticas não se convertem em políticas públicas), os discursos que dizem como as coisas "devem ser" alteram os repertórios e, por vezes, as estruturas da cultura política. Eles têm o potencial de agregar novos tópicos ao debate público e de mudar a ênfase de tópicos já conhecidos, além de alterar os parâmetros de avaliação da legitimidade de um regime de poder.

Ao lançar luz sobre a atuação de conservadores e reacionários nos espaços formais de poder, buscamos destacar como esses grupos mobilizam as instituições políticas e jurídicas e empregam o vocabulário característico delas para tensionar seus significados. Muitas vezes presentes em discursos progressistas, noções como vontade popular, soberania da maioria, pluralismo, separação de poderes, segurança jurídica, laicidade e ativismo judicial aparecem revestidas de novos sentidos e apontam para o encapsulamento de temas e termos de adversários políticos, e até mesmo para o esvaziamento e a reversão de seus sentidos.[14] Usam a linguagem de direitos para expressar objetivos contrários aos fundamentos humanistas e pluralistas desse vocabulário.

Este é um livro sobre os usos da linguagem jurídica, mesmo daqueles que não foram bem-sucedidos em atingir seus objetivos ou cujos efeitos foram depois revertidos. Se alguns desses usos tiveram sucesso em obter de forma duradoura aquilo que buscavam, grande parte deles pode, a depender da convicção de quem os lê, entrar na categoria de *"mera* farsa", "maquiagem legalista", "hipocrisia" em relação aos valores constitucionais. São construídos com a linguagem do direito — especificamente a linguagem de direitos e das garantias constitucionais —, mas parecem, em várias situações, expressar o exato oposto dessas garantias e direitos. Para compreender o aspecto paradoxal dos atuais processos de erosão democrática, que muitas vezes se valem intensamente de elementos e ideais da própria democracia constitucional, é necessário conhecer e analisar esses discursos.[15] Não há democracia sem inclusão, mas é cada vez mais comum que visões de mundo excludentes se apresentem como as verdadeiramente legitimadas pela ordem constitucional. Sem enfrentar os meandros dessa tendência, corre-se o risco de criar estratégias de fortalecimento democrático que privilegiem a ideia de ordem em vez da ideia de constitucionalidade — estratégias que enfatizem a imposição, de cima para baixo, do ideal *abstrato* de Estado democrático de direito, em detrimento da democratização dos recursos constitucionais de construção da cultura política.

### Boi, bala e Bíblia: conservadorismo e reacionarismo?

O que compõe uma onda conservadora como a que atingiu o Brasil contemporâneo é uma combinação de ações e tendências marcadas por divergências e antagonismos próprios dos processos político-sociais. Determinadas partes ganham protagonismo ao superar outras em intensidade, relevância ou destaque. No todo, a onda é composta de um "emaranhado de jogadores em diferentes tabuleiros". Contudo, suas "conexões parciais em torno de uma concertação mais ampla"[16] são capazes de revelar as direções que essas ondas tomam em certos momentos históricos. Este livro não mapeia todas as vozes nem todas as posições políticas que podem ser pensadas como antidemocráticas no Brasil atual. O objetivo é revelar os pontos de aproximação e, às vezes, de convergência entre as articulações discursivas sobre direitos que compõem a onda conservadora.

Evitamos categorias descritivas que, a despeito de sua relevância para a análise teórica, podem criar imagens totalizantes e estigmatizantes de disputas políticas complexas. Indivíduos e atores políticos podem ter identidades compostas de posições tanto conservadoras quanto progressistas, ou mesmo de direita e de esquerda. Podem mudar de posicionamento por meio de alianças, por estratégia ou oportunismo. Assim, é preciso olhar para o conjunto de argumentações para entender quais convergências ou "linhas de força"[17] têm emergido do debate sobre direitos. Se os significados concretos dos direitos e das garantias fundamentais são configurados pelas disputas de interpretação, a consolidação de linhas interpretativas excludentes e autoritárias indica os padrões aos quais o campo democrático deve estar permanentemente atento. Este estudo usou o par conservador/reacionário, ou conservadorismo/reacionarismo, para englobar tanto as ações pela conservação da ordem social quanto aquelas que preconizam o retorno a configurações sociais menos diversas e inclusivas.

Estudos sobre a ideologia conservadora apontam para determinados elementos identificadores de cada tendência. O conservadorismo preocupa-se com a velocidade das transformações sociais e exige que as mudanças sejam realizadas nos limites da ordem existente, respeitando elementos que entende serem externos à disputa política, tais como tradição, história, família, religião, biologia e mercado. Busca essencialmente se opor a mudanças consideradas ameaçadoras e adapta seus conceitos conforme a ameaça da vez. Por isso, tem uma estrutura especular em relação ao conjunto de crenças progressistas que identifica como oponente.[18] Já o reacionarismo compartilha com o conservadorismo a preocupação com a ordem social, mas busca romper com a ordem vigente, muitas vezes qualificada de decadente, para restaurar ou recuperar um passado ou ideal perdido.[19]

Para analisar o contexto brasileiro, adotamos a lente temática das três áreas tradicionalmente referidas como BBB (boi, bala e Bíblia). Centrados no agronegócio, na segurança pública e na religião, esses temas também se ligam a vários outros tópicos, como meio ambiente, povos e comunidades tradicionais, trabalho, armas, política criminal, educação, gênero e sexualidade. Com diferentes trajetórias e alianças, atores de cada uma das três áreas se organizam para ocupar os espaços de poder e apresentar suas demandas no Legislativo, no Executivo e no Judiciário. Durante o governo de Jair Bolsonaro (2019-22), pautas conservadoras e reacionárias se fortaleceram por meio da valorização da moralidade religiosa, do foco na falta de segurança e no medo da criminalidade e da projeção de discursos econômicos neoliberais.[20]

Muitas dessas temáticas propulsoras do poder político conservador e reacionário do BBB já foram identificadas em análises do conservadorismo[21] e da crise da democracia[22] realizadas em outros países. O conjunto de argumentações constitui uma chave essencial para compreender a importância dessas pautas internacionalmente,[23] segundo a qual o neoliberalismo não pode ser visto apenas como uma linha da política econômica, mas como uma tentativa mais ampla de redesenhar o político e o social, atribuindo ao Estado o papel de manter as desigualdades (políticas, sociais e econômicas) e a moralidade tradicional.[24] O foco político nessa interação tem ainda o potencial de provocar mudanças estruturais: o neoliberalismo é uma ferramenta que esgarça o social enquanto esfera política possível, corroendo a ideia e a estrutura da democracia.[25]

## Linguagem de direitos nos poderes

Apresentamos nas próximas páginas uma radiografia não exaustiva dos usos da linguagem do direito em espaços institucionais de poder. Optamos por localizar primeiro os casos relevantes em cada um dos campos do BBB, para então identificar, por meio da análise de documentos públicos, os argumentos jurídicos conservadores e reacionários mobilizados em cada um deles. Para selecionar os casos, nos apoiamos principalmente em pesquisas que já mapearam a atuação de grupos conservadores e reacionários em suas respectivas áreas, com foco no cenário mais recente (sobretudo entre 2019 e 2022), nas temáticas centrais e tendo como palco o Supremo Tribunal Federal (STF), o Legislativo e o Executivo federais. Em alguns casos, foi necessário um olhar mais recuado no tempo a partir do mapeamento de eventos-chave pós-redemocratização.

Ainda que possa ser vista como uma maneira de resguardar e reafirmar interesses mais imediatos, a atuação do BBB no Judiciário, por excelência o local de interpretação de direitos constitucionais, é um momento privilegiado de formulação de ideários mais amplos. É nessa arena que deságuam todos os questionamentos posteriores à elaboração de políticas públicas nas searas executiva e legislativa. Por ocasião de casos de grande repercussão pública, são apresentadas as manifestações de uma gama variada de atores, desde as partes do processo até aqueles que buscam influenciar as decisões. A participação desses atores que não são parte direta do processo, mas podem apresentar argumentos jurídicos sobre os casos, é comum especialmente nos julgamentos sobre a constitucionalidade de leis. Essas figuras são chamadas de *amici curiae*, termo em latim que significa "amigos da corte" — ou, no singular, *amicus curiae*, "amigo da corte".

Observar as articulações dos discursos sobre o direito nos demais poderes permite captar os sentidos que estão em disputa em outras arenas. Os políticos que ocupam cargos no Legislativo e no Executivo recorrem à linguagem de direitos com objetivos diferentes dos normalmente associados à "técnica jurídica". Contudo, em seus "discursos políticos", eles também atribuem sentidos importantes a referências jurídicas, usam a linguagem de direitos para construir representações de inimigos, reforçar agendas identitárias e fazer outros apelos populistas. Essas manifestações permitem situar a multiplicidade de sentidos da linguagem de direitos na atual configuração da cultura política, além de apontarem para rumos no futuro.

Os capítulos deste livro destacam os caminhos argumentativos de manifestações nos campos do BBB em direções conservadoras e reacionárias, isto é, sua origem e seu percurso até desembocar no debate atual. Cada capítulo se aprofunda em uma das áreas, em três passos. Na introdução, identificamos as características históricas e as mudanças de cada campo no Brasil, do contexto de seu estabelecimento como uma das bancadas do Congresso Nacional até seu papel na grande "onda"[26] ou "maré"[27] conservadora-reacionária atual. Em seguida, apresentamos os casos centrais que compõem o estudo de cada área: quais temas apareceram em quais instâncias dos Poderes Legislativo, Executivo e Judiciário. Por fim, analisamos os discursos presentes nas manifestações do BBB.

Em vez de reproduzir a estrutura de cada argumentação ou selecionar as articulações mais representativas, apresentamos um conjunto de argumentos próximos, organizados em categorias que permitem detectar as diferentes posições em disputa no interior da cultura política. Começamos por destacar como os atores analisados retratam seus principais ideais, a partir de uma autoimagem e de um diagnóstico crítico do estado de coisas (um mundo em crise ou em perigo). Depois, estruturamos os diferentes discursos observados nos documentos[28] a partir de quatro questões que mostram os usos da linguagem jurídica para atingir objetivos conservadores e reacionários: Qual sentido de democracia é construído na interpretação de princípios estruturais do Estado de direito, tais como a separação de poderes e a segurança jurídica? Quais direitos e liberdades estão no centro das argumentações? Quais atores esses direitos buscam proteger, e do quê, ou de quem eles os protegem? Quais visões de mundo o direito invocado por esses atores projeta e quais rejeita? Essas perguntas ajudam a organizar os tipos de argumentos que aparecem nas disputas interpretativas sobre direitos, e indicam para quais direções elas convergem e que impacto têm na cultura política democrática.

# A lei da bala

# Uma onda nas políticas de segurança pública

A expressão "bancada da bala"[1] surgiu há, ao menos, duas décadas. Ao lado de expressões como "bancada das armas" e "bancada do gatilho", o apelido começou a ser usado no início dos anos 2000 para fazer referência ao grupo de parlamentares contrários ao projeto de lei do Senado[2] que deu origem ao Estatuto do Desarmamento.[3] A expressão ganhou significados plurais desde a sua origem e se aplica a identidades que se sobrepõem, podendo se referir a parlamentares que foram opositores do Estatuto do Desarmamento, aos eleitos com apoio financeiro da indústria armamentista[4] e aos oriundos das forças de segurança pública, como policiais civis, militares e bombeiros, além de seguranças privados.

A partir de 2010, a expressão se tornou recorrente na imprensa e entre políticos para identificar especialmente os dois últimos grupos de parlamentares. Assim, para além das ligações com a indústria armamentista e das posições punitivistas, a "bancada da bala" passou a ser pensada como agrupamento suprapartidário em defesa dos interesses dos profissionais da segurança pública. Ainda que não haja consenso sobre sua composição, seja no interior do Congresso, seja entre os estudiosos do tema,[5] é certo que a "bancada da bala" extrapola o âmbito de frentes parlamentares ligadas à segurança pública. É possível identificar pelo menos um ponto de contato que confere certa coesão aos diversos grupos citados: a linha dura no combate à violência, pauta comum aos parlamentares contrários ao Estatuto do Desarmamento (à época do debate sobre a lei e mais tarde, por revisionistas), aos eleitos em campanhas financiadas pela indústria armamentista e aos ligados às forças policiais e militares.[6]

Mais recentemente, tanto no Brasil como em outros lugares do mundo, as pautas relacionadas à "preservação da ordem"[7] por meio da segurança pública têm ganhado peso no debate público. Agendas de endurecimento das penas ou fortalecimento da polícia ganharam centralidade, mesmo entre governos e associações do campo progressista.[8] Os grupos conservadores e reacionários têm ocupado novos espaços na política, defendendo essas pautas com objetivos e formas específicos. Atentos a essas movimentações, tanto os estudos dedicados a analisar a política criminal brasileira quanto a literatura sobre o conservadorismo contemporâneo têm sublinhado as interseções entre os temas.[9]

Entre as quatro linhas de força que caracterizariam o avanço conservador no Brasil, Ronaldo de Almeida descreve uma linha securitária, focada em ações repressivas e punitivas e marcada por um alto nível de intolerância.[10] A tentativa de redução da maioridade penal, aprovada em 2015 na Câmara dos Deputados, por exemplo, "serviu como aglutinador de vários segmentos conservadores, dentre eles, a Frente Parlamentar Evangélica".[11] Almeida observa que, embora não encabecem esse movimento, parlamentares evangélicos têm atuado "no mínimo como linha auxiliar dos interesses dos aparelhos de segurança pública (como as corporações policiais e militares) e privada (empresas)",[12] e conclui que as pautas mais repressivas são objeto de interesse de um grupo heterogêneo de atores.

Segundo Marco Antonio Faganello, os integrantes da bancada da bala no Congresso, orientados por uma espécie de ideologia "securitária-autoritária", consideram a sociedade insegura e radicalmente desordenada.[13] A razão da desordem seriam o excesso de liberdade e a perda de autoridade das instituições, somados à ineficiência das leis e do próprio Estado de direito em promover a ordem.[14] Esses diagnósticos justificariam, em certas situações, a necessidade de ações extremas e até mesmo contrárias à lógica democrática, uma vez que a ordem social estaria em risco, e a própria democracia teria falhado em preservá-la. Diante da incapacidade das instituições democráticas e da ameaça da desordem, o apelo a soluções que contrariam as regras do jogo democrático parece "natural".[15]

Gabriel Feltran definiu o bolsonarismo como um movimento político que pretende substituir o regime de poder democrático por outro, que coloca, "no lugar da razão comunicativa, a violência crua".[16] Para o sociólogo, "o que antes era a rotina do poder nas favelas e periferias, então, tende a se 'democratizar'".[17] Ou seja, chega ao centro do poder político um regime surgido de movimentos policiais e policialescos que sempre se fizeram presentes nos territórios periféricos: "Amparada na justiça do olho-por-olho e numa masculinidade tradicionalista, essa forma elementar de poder confronta a base da promessa moderna (nunca nem de perto realizada nas margens) dos direitos humanos universais".[18] Para Feltran, esse movimento — encabeçado por policiais, mas também por grileiros, garimpeiros e profissionais da segurança privada — aspira a consolidar um projeto totalitário de poder que tem como centro a violência.

Marina Lacerda também aponta, entre as principais características desse neoconservadorismo, o militarismo e o idealismo punitivo.[19] Enquanto o militarismo diz respeito a uma política externa não mais baseada em princípios como o multilateralismo e os direitos humanos, o idealismo punitivo se vale da mesma retórica belicista de combate ao inimigo para lidar com questões internas.[20] Segundo Lacerda, "trata-se da imposição interna da 'lei e ordem', ou seja, do rigor penal contra os crimes e contra os dissidentes políticos internos".[21]

A defesa dessas pautas vincula-se também, segundo Lacerda, ao espraiamento do neoliberalismo, que restringe as políticas sociais, amplia as desigualdades e "dissolve instrumentos de solidariedade social contra a acumulação financeira (como sindicatos) para a manutenção do livre mercado".[22] Para evitar uma completa "desagregação social", investe-se em políticas de segurança pública baseadas no "incremento dos sentimentos vingativos", nas quais certos grupos — que passam a ser considerados inimigos — são selecionados "para serem culpados por problemas sistêmicos".[23]

No plano internacional, as políticas repressivas de segurança pública também têm sido consideradas protagonistas no avanço do neoliberalismo.[24] Parte dos diagnósticos mostra o encarceramento em massa de pessoas negras[25] e a militarização das cidades[26] despontando em países do Norte global na mesma época em que o neoliberalismo ganhava força, articulando o que Loïc Wacquant chama de "Estado centauro", ou seja, "liberal e permissivo no topo, em relação às corporações [...] e paternalista e autoritário na base".[27]

# Entre armamentismo e forças públicas

A convergência entre o cenário de articulação política no Brasil e as tendências de apropriação do campo da segurança pública por setores conservadores-reacionários é evidente. A articulação da linguagem de direitos é um elemento fundamental da atuação conservadora ou reacionária da área da "bala". A linha dura no combate à violência une grupos diversos de parlamentares, de perfil contrário ou revisionista em relação ao Estatuto do Desarmamento, financiados pela indústria de armas e conectados a forças de segurança pública.[1] Esses dois eixos de articulação da "bancada da bala" — o armamentismo e as pautas corporativistas das carreiras policiais e militares — têm um traço comum: o punitivismo, ou seja, a defesa de posições repressivas na segurança pública e na política criminal.

Embora suas estratégias variem conforme os temas e a arena em que se engajam, um traço comum entre os atores conservadores e reacionários que mobilizam a linguagem de direitos no Legislativo, no Executivo e no Judiciário é a priorização das políticas penais punitivistas e a defesa do uso da força como solução para questões sociais. No eixo do armamentismo, o idealismo punitivo[2] manifesta-se, sobretudo, como reação ao Estatuto do Desarmamento. No segundo eixo, o da expansão de poder das forças públicas, ele aparece por meio de propostas que fortalecem as forças de segurança, restringindo o controle sobre suas atividades e aumentando sua capacidade de violência. A transformação de homicídios de policiais em crime hediondo e a defesa de que homicídios praticados por agentes de segurança pública não fiquem sujeitos à responsabilização penal ordinária (com a implementação de figuras jurídicas como o excludente de ilicitude e os autos de resistência, explicadas adiante) são alguns exemplos dessa articulação.

## Eixo 1: Armamentismo

O eixo do armamentismo engloba iniciativas de revisão das políticas de controle de armas e munições materializadas no Estatuto do Desarmamento. Para analisar esse campo de disputas, sistematizamos as investidas contra o Estatuto do Desarmamento nos três Poderes. A lista que segue registra alguns dos esforços de oposição ao estatuto no interior do Legislativo.

### O Estatuto do Desarmamento
Origens e principais ataques no Congresso

**1999** Uma das principais iniciativas com objetivo de limitar posse, porte e comércio de armas de fogo por civis à época,[3] o PLS nº 292/1999 foi apresentado no Senado por Gerson Camata, do Partido do Movimento Democrático Brasileiro (PMDB-ES), e deu origem ao PL nº 1.555/2003.

**2003** Com um substitutivo aprovado no Congresso e depois no Senado, o PL foi convertido na lei nº 10.826/2003, o Estatuto do Desarmamento. Com isso, iniciam-se articulações que se consolidarão na "bancada da bala".

**2004** O Estatuto do Desarmamento foi regulamentado pelo Decreto nº 5.123/2004.

**2005** Prevista no art. 35 do estatuto, a proibição da comercialização de armas foi submetida a referendo[4] e derrotada após campanha pelo "Não" (contra a proibição), liderada pela Frente Parlamentar pelo Direito da Legítima Defesa, criada pelo então deputado Alberto Fraga, do Partido da Frente Liberal (PFL-DF). Entre os 140 signatários, destacaram-se Luiz Antonio Fleury Filho, do Partido Trabalhista Brasileiro (PTB-SP), Onyx Lorenzoni (PFL-RS), Coronel Alves, do Partido Liberal (PL-AP), Cabo Júlio (PMDB-MG), Josias Quintal, do Partido Socialista Brasileiro (PSB-RJ), Enéas Carneiro, do Partido da Reedificação da Ordem Nacional (Prona-SP), Juvêncio da Fonseca, do Partido da Social Democracia Brasileira (PSDB), e Osmar Dias, do Partido Democrático Trabalhista (PDT-PR).

**2012** O PL nº 3.722/2012, apresentado à Câmara dos Deputados por Rogério Peninha Mendonça (PMDB-SC) e em tramitação em 2024, propõe a revogação da lei nº 10.826/2003 (Estatuto do Desarmamento) e altera o Código Penal.

**2019** O PL nº 3.723/2019, enviado ao Congresso pela Presidência da República e que em 2024 aguarda apreciação do Senado, modifica regras de registro, cadastro e porte de armas de fogo, além de regular a atividade dos Colecionadores, Atiradores Desportivos e Caçadores (CACs), afirmando como "direito" o "exercício das atividades de colecionamento e de tiro esportivo, bem como o apostilamento das armas de caça" (art. 21-b).

O PL nº 6.438/2019, também do Executivo e em trâmite em 2024, incrementa o rol de profissionais autorizados a portar armas de fogo e admite para cada usuário "até dez armas de fogo de uso permitido ou restrito, além das respectivas munições, acessórios e equipamentos de proteção balística", limite passível de ampliação pelo Comando do Exército, inclusive para práticas esportivas.

Durante o mandato de Jair Bolsonaro, o Executivo também se empenhou em fazer mudanças diretas na política de controle de armas e munições, principalmente por meio de decretos presidenciais.[5] Compromissado com a agenda armamentista, manifesta em máximas como "o povo armado jamais será escravizado" (largamente repetida em sua campanha e em seu governo),[6] Bolsonaro promoveu diversas medidas pró-armas desde o primeiro mês de governo. Entre os projetos prioritários apresentados aos presidentes da Câmara e do Senado no início de seu mandato, a questão das armas teve destaque[7] — e, a partir dos diversos atos normativos (decretos,[8] portarias[9] e resoluções[10]), foram flexibilizadas as determinações do Estatuto do Desarmamento sobre posse e porte de armas e munições, sobretudo para os grupos da base de apoio do governo. Questionados no Judiciário, lócus central dessa disputa pelo menos desde a aprovação do Estatuto do Desarmamento, os decretos de Bolsonaro tiveram sua constitucionalidade defendida por uma série de associações armamentistas.

## Disputas em torno do Estatuto do Desarmamento no Judiciário

**2004** O PTB apresentou ao STF a ação direta de inconstitucionalidade (ADI) nº 3.112, questionando a constitucionalidade do Estatuto do Desarmamento. Nove outras ações da mesma espécie foram apensadas à ADI nº 3.112: ADI nº 3.518, ADI nº 3.535, ADI nº 3.788, ADI nº 3.263, ADI nº 3.137, ADI nº 3.586, ADI nº 3.814, ADI nº 3.600 e ADI nº 3.198. Nelas, partidos políticos alinhados à direita, associações conectadas aos profissionais de segurança pública e entidades que representam proprietários e comerciantes de armas fizeram coro à ideia de que a política de controle de armas e munições inaugurada pelo Estatuto do Desarmamento seria inconstitucional.

**2005–6** Atacando vários artigos do estatuto, a ADI nº 3.112 trabalhou com os argumentos da separação de poderes, da "invasão do espaço legislativo de um certo poder pelo outro", da violação do pacto federativo, dos princípios do devido processo legal e da presunção de inocência, da igualdade, do livre exercício das profissões, do direito de propriedade e do direito adquirido.

Por fim, pediu que a vigência da lei nº 10.826/2003 fosse suspensa. As outras nove ADIs, interpostas no STF contra o Estatuto do Desarmamento após a provocação do PTB, marcam uma mudança no lócus da disputa política armamentista, que passou a ter o Judiciário como centro após a aprovação do estatuto. Figuraram como requerentes desses nove processos: o PDT, a Associação dos Delegados de Polícia do Brasil (Adepol), a Associação Nacional dos Proprietários e Comerciantes de Armas (ANPCA), a Confederação Nacional dos Vigilantes, Empregados em Empresas de Segurança, Vigilância e Transportes de Valores, Cursos de Formação e Especialização de Vigilantes, Prestação de Serviços Similares e seus Anexos e Afins (CNTV), a Associação Nacional dos Delegados de Polícia Federal (ADPF) e a Confederação Nacional do Comércio (CNC). Além disso, manifestaram-se como *amici curiae*, reforçando os pedidos da ADI, entidades como a Associação Brasileira das Indústrias de Materiais de Defesa e Segurança (Abimde), a Associação Nacional dos Procuradores de Estado (Anape), a Confederação Brasileira de Tiro Prático

(CBTP), a Federação Gaúcha de Tiro Prático (FGTP),
a Associação Gaúcha de Colecionadores de Armas (AGCA)
e a Federação Gaúcha de Caça e Tiro (FGCT).

**2007** A ADI nº 3.112 foi julgada parcialmente procedente.
O STF reconheceu a inconstitucionalidade dos parágrafos únicos dos artigos 14 e 15 e do artigo 21 da lei nº 10.826/2003, que qualificavam de inafiançáveis os crimes de porte ilegal e disparo com arma de fogo.

Selecionamos oito ADIS[11] cujos objetos são decretos editados pelo governo Bolsonaro entre 2019 e 2021[12] e analisamos as manifestações de associações de atiradores, entidades de promoção de tiro esportivo e organizações voltadas à defesa da agenda armamentista, na condição de *amici curiae*.

### Atores e *amici curiae* das ADIs analisadas

#### ADI 6119
**Início** 11/4/2019
**Proponente** PSB
**Decretos questionados** Decretos nº 9.685/2019 e 9.785/2019
*Amici curiae* Confederação Brasileira de Tiro Esportivo (CBTE), Associação Brasileira de Atiradores Civis (Abate), Associação Nacional da Indústria de Armas e Munições (Aniam), Associação dos Oficiais da Reserva do Exército Brasileiro (AOR-EB), CBTP e Associação Nacional Movimento Pró Armas (Proarmas)

#### ADI 6134
**Início** 10/5/2019
**Proponente** Partido Socialismo e Liberdade (PSOL)
**Decretos questionados** Decretos nº 9.785/2019 e 9.797/2019
*Amici curiae* CBTE, Associação Mineira dos Agentes e Servidores Prisionais do Estado de Minas Gerais (Amasp-MG), CBTP, Fábio Adriano Stümer Kinsel, Abate e Aniam

**ADI 6139**
**Início** 16/5/2019
**Proponente** PSB
**Decretos questionados** Decreto nº 9.875/2019
*Amici curiae* AOR-EB

**ADI 6675**
**Início** 17/2/2021
**Proponente** PSOL
**Decretos questionados** Decretos nº 10.627, 10.628, 10.629 e 10.630, de 2021
*Amici curiae* Proarmas, Abate, CBTP, AOR-EB, Confederação Brasileira de Tiro Defensivo e Caça (CBTD), Federação de Tiro Prático do Estado do Rio de Janeiro (FTPRJ), CBTE, Associação Nacional de Caça e Conservação (ANCC), Federação de Tiro do Mato Grosso do Sul (TiroMS), Centro Barjud de Treinamento de Tiro (CBT) e Aniam

**ADI 6676**
**Início** 18/2/2021
**Proponente** Rede Sustentabilidade
**Decretos questionados** Decretos nº 10.627, 10.628, 10.629 e 10.630, de 2021
*Amici curiae* Abate, Aniam, AOR-EB, Proarmas e CBTD

**ADI 6677**
**Início** 18/2/2021
**Proponente** Partido dos Trabalhadores (PT)
**Decretos questionados** Decretos nº 9.845, 9.846 e 9.847, de 2019, e 10.627, 10.628, 10.629 e 10.630, de 2021
*Amici curiae* Proarmas, Abate, Aniam, AOR-EB, CBTE e CBTD

**ADI 6680**
**Início** 18/2/2021
**Proponente** PSOL
**Decretos questionados** Decretos nº 10.627, 10.628, 10.629 e 10.630, de 2021
*Amici curiae* Proarmas, CBTE, AOR-EB e CBTD

**ADI 6695**
**Início** 25/2/2021
**Proponente** PSDB
**Decretos questionados** Decretos nº 10.627, 10.628, 10.629 e 10.630, de 2021
***Amici curiae*** Abate, Proarmas, CBTD, AOR-EB e Aniam

## Eixo 2: Expansão de poder das forças públicas

O segundo eixo de atuação da "bala" em torno das pautas de política criminal engloba a expansão da capacidade de violência do Estado e a redução do controle democrático das forças de segurança. Diferentemente das disputas sobre desarmamento, os nove casos aqui abordados — um conjunto de projetos de lei e pronunciamentos em torno de pautas de grande repercussão — ocorrem sobretudo no Legislativo: a transformação de homicídio de policiais em crime hediondo, a oposição ao fim dos autos de resistência,[13] a tentativa de barrar a criação da Comissão Nacional da Verdade (CNV), a oposição ao controle de operações policiais nas favelas do Rio de Janeiro, as propostas de exclusão da ilicitude dos homicídios praticados por policiais em serviço e de anistia para policiais envolvidos no massacre do Carandiru, a formulação de uma lei orgânica para bombeiros e policiais militares e a extensão das competências da Polícia Militar (PM).

Os casos analisados estão sistematizados a seguir.

### Segurança pública em disputa
Casos emblemáticos da articulação do campo da "bala" pela valorização das forças

**LEI ORGÂNICA DAS POLÍCIAS MILITARES E DOS CORPOS DE BOMBEIROS MILITARES**
**Medidas** PL nº 4.363/2001. Proponente: Poder Executivo
O texto em trâmite é um substituto do texto do relator, o deputado federal Capitão Augusto (PL-SP)

**Efeitos pretendidos** Estabelecer normas de organização dos efetivos das PMs e dos Corpos de Bombeiros, além de garantias e disposições sobre convocação, mobilização e material bélico
**Trâmite** Transformada na lei ordinária nº 14.751/2023

---

### TENTATIVA DE TORNAR HOMICÍDIO DE POLICIAIS CRIME HEDIONDO
**Medidas** PL nº 3.131/2008. Proponente: senador Alvaro Dias (PSDB-PR)[14]
(Desde ao menos 2002, dezenas de PLs[15] procuram estabelecer parâmetros de punição para homicídios de agentes de segurança pública. As iniciativas foram agrupadas sob esse PL)
**Efeitos pretendidos** Prever como circunstância que agrava a pena a hipótese de a vítima ser agente público integrante de carreira policial, no exercício da função ou em razão dela
**Trâmite** A proposta foi aprovada na forma da lei nº 13.142/2015 (art. 121, VII; art. 129, § 12 do Código Penal)

---

### CRIAÇÃO DE PISO SALARIAL PARA OS PROFISSIONAIS DA SEGURANÇA PÚBLICA
**Medidas** Proposta de emenda constitucional (PEC) nº 300/2008. Proponente: deputado federal Arnaldo Faria de Sá (PTB-SP)
**Efeitos pretendidos** Estabelecer que as remunerações de policiais militares estaduais, integrantes dos Corpos de Bombeiros Militares e inativos não podem ser inferiores às da PM do Distrito Federal
**Trâmite** Apensada à PEC nº 446/2009, está pronta para entrar na pauta de votações no plenário da Câmara dos Deputados

---

### OPOSIÇÃO À CRIAÇÃO DA CNV
**Medidas** Quando a proposta para a criação da CNV ainda tramitava na forma do PL nº 7.376/2010, figuras como Jair Bolsonaro, do Progressistas (PP-RJ),

Arolde de Oliveira, do Democratas (DEM-RJ), Paulo Feijó, do Partido Republicano (PR-RJ), Beto Mansur (PP-SP), Abelardo Lupion (DEM-PR) e Nelson Marquezelli (PTB-SP) falaram exaustivamente contra o PL no plenário da Câmara dos Deputados

**Efeitos pretendidos**  Bolsonaro tentou emendar o PL para proibir denúncia criminal ou qualquer espécie de sanção aos militares que se recusassem a colaborar com a CNV

**Trâmite**  A emenda proposta por Bolsonaro foi rejeitada, e o PL nº 7.376/2010 foi convertido na lei nº 12.528/2011, que instituiu a CNV

## EXTINÇÃO DOS AUTOS DE RESISTÊNCIA

**Medidas**  PL nº 4.471/2012. Proponente: deputado federal Paulo Teixeira (PT-SP)

**Efeitos pretendidos**  Criar regras para apurar mortes e lesões corporais decorrentes de ações de agentes do Estado, como policiais. Reforçar a obrigatoriedade de investigação nos casos em que o uso da força policial resultar em morte ou lesão corporal e extinguir a figura do auto de resistência (Artigo 292, Código Penal)

**Trâmite**  Pronto para entrar na pauta de votações no plenário da Câmara dos Deputados

## INCLUSÃO DA PM NO SISTEMA NACIONAL DO MEIO AMBIENTE (SISNAMA)[16]

**Medidas**  PL nº 7.422/2014. Proponente: deputado federal Jair Bolsonaro (PP-RJ)

PL nº 6.289/2019. Proponente: deputado federal Coronel Tadeu, do Partido Social Liberal (PSL-SP)

**Efeitos pretendidos**  Incluir as PMs no Sisnama para terem competência de realizar policiamento ambiental

**Trâmite**  PL nº 7.422/2014: Projeto arquivado ao final da legislatura

PL nº 6.289/2019: Pronto para entrar em pauta na Comissão de Constituição e Justiça e de Cidadania (CCJC)

### ARGUIÇÃO DE DESCUMPRIMENTO DE PRECEITO FUNDAMENTAL (ADPF) DAS FAVELAS

**Medidas** ADPF 635. Proponente: PSB

**Efeitos pretendidos** Reconhecer como inconstitucionais os altos níveis de letalidade policial e violência de agentes públicos, em especial em operações realizadas em favelas e comunidades

**Trâmite** Autos estão conclusos ao relator. Em 2020 e 2022, o STF proferiu decisões favoráveis aos pedidos

### ANISTIA DOS POLICIAIS ENVOLVIDOS NO MASSACRE DO CARANDIRU

**Medidas** PL nº 2.821/2021. Proponente: deputado federal Capitão Augusto (PL-SP)

(Defensor da medida, Bolsonaro tentou implementá-la em um indulto natalino, o Decreto nº 11.302/2022, um dos últimos atos de seu governo. Mas a medida foi considerada inconstitucional e suspensa pelo STF)

**Efeitos pretendidos** Anistiar agentes de segurança pública de São Paulo processados ou punidos por condutas durante ação de contenção na Casa de Detenção de São Paulo (Carandiru), em 1992, que deixou 111 mortos

**Trâmite** Aguardando a designação de relator na CCJC

### TENTATIVAS DE CRIAÇÃO DO EXCLUDENTE DE ILICITUDE

**Medidas** PL nº 733/2022. Proponente: Poder Executivo (ministro Anderson Torres)

**Efeitos pretendidos** Criar a figura do excesso exculpante, estabelecendo que não será punível o excesso em ações de legítima defesa quando resultar de medo, surpresa ou perturbação de ânimo em face da situação; ampliar hipóteses de excludente de ilicitude (será considerado legítima defesa repelir, usando os meios necessários, ato de terrorismo, além do porte ou da utilização ostensiva, por parte do agressor ou do suspeito, de arma de fogo ou de outro instrumento capaz de gerar morte ou lesão corporal de natureza grave)

**Trâmite** Apensado ao PL nº 3/2019, que aguarda parecer do relator na CCJC

**Medidas** PL nº 456/2020. Proponente: deputado federal Coronel Tadeu (PSL-SP)
**Efeitos pretendidos** Deixar de caracterizar como crime quaisquer atos de legítima defesa própria e de terceiros
**Trâmite** Aguardando designação de relator na CCJC

**Medidas** PL nº 808/2019. Proponente: deputado federal Hugo Leal (PSD-RJ)
**Efeitos pretendidos** Afastar a lavratura de auto de prisão em flagrante e a imposição de prisão quando o fato houver sido praticado sob o abrigo dessa excludente
**Trâmite** Aguardando criação de comissão temporária pela mesa

**Medidas** PL nº 2.599/2019. Proponente: deputado federal Capitão Alberto Neto, do Partido Republicano Brasileiro (PRB-AM)
**Efeitos pretendidos** Deixar de caracterizar como crime quaisquer atos de legítima defesa própria e de terceiros
**Trâmite** Aguardando designação de relator na CCJC

**Medidas** PL nº 6.125/2019. Proponente: Poder Executivo (ministros Fernando Azevedo e Silva, Sérgio Moro e Jorge Antônio de Oliveira Francisco)
**Efeitos pretendidos** Estabelecer normas aplicáveis aos militares em operações de Garantia da Lei e da Ordem (GLO) e aos integrantes da Força Nacional de Segurança Pública
**Trâmite** Retirado pelos autores

**Medidas** PL nº 9.661/2018. Proponente: deputado federal Vitor Valim (PMDB-CE)
**Efeitos pretendidos** Ampliar hipóteses de excludente de ilicitude (será considerada legítima defesa a agressão praticada contra quem invadir uma residência)
**Trâmite** Aguardando designação de relator na CCJC

**Medidas** PL nº 8.587/2017. Proponente: deputado federal Onyx Lorenzoni (DEM-RS)
**Efeitos pretendidos** Ampliar hipóteses de excludente de ilicitude (será considerada legítima defesa a agressão praticada contra quem invadir uma residência)
**Trâmite** Aguardando designação de relator na CCJC

**Medidas** PL nº 9.064/2017. Proponentes: deputado federal Eduardo Bolsonaro, do Partido Social Cristão (PSC-SP), e deputado federal Jair Bolsonaro (PSC-RJ)
**Efeitos pretendidos** Ampliar hipóteses de excludente de ilicitude (será considerada legítima defesa ações de agentes públicos em operação policial)
**Trâmite** Pronto para entrar na pauta de votações no plenário da Câmara dos Deputados

**Medidas** PL nº 272/2015. Proponente: deputado federal Eduardo Bolsonaro (PSC-RJ)
**Efeitos pretendidos** Garantir segurança jurídica ao exercício da atividade policial nos casos de resistência à captura em flagrante ou ao cumprimento de ordem judicial
**Trâmite** Pronto para entrar na pauta de votações no plenário da Câmara dos Deputados

# "Salvaguarda da ordem": os lemas da "bala"

Políticas insatisfatórias, somadas a altos índices de criminalidade, transformaram o país em um campo de guerra e comprometeram a estabilidade social. Desse diagnóstico partem as manifestações que buscam salvaguardar a ordem na área da segurança pública. Apresentam-se dois caminhos: o armamento dos "cidadãos de bem" — que em face de um Estado ineficiente no combate à criminalidade teriam o direito de se armar — e o fortalecimento das forças de segurança pública, por meio do relaxamento (e mesmo eliminação) dos mecanismos de controle das polícias e do recrudescimento das penas para os "inimigos" da ordem.

Um dos principais argumentos em favor do acesso a armas é a suposta melhora nos indicadores de homicídios e violência. A posse de armas diminuiria a violência ao gerar medo nos criminosos, que pensariam duas vezes antes de cometer crimes, já que suas vítimas poderiam estar armadas (Proarmas, 2021).[1] Nesse projeto de segurança pública, os civis armados agiriam como "colaboradores do Poder Público", uma vez que o Estado é "inapetente" e "deficitário" para garantir a defesa do cidadão, o que justificaria a ampliação do acesso às armas por particulares. O raciocínio é repetido pela CBTC nas manifestações em diversas ADIs,[2] todas de 2021. Colocar armas nas mãos de civis teria desdobramentos positivos até mesmo em questões ambientais: a ADI nº 6.675, por exemplo, afirma que as associações de CACs têm atuado como "instrumento fundamental para o Ibama e ICMBIO no que toca ao controle e manejo de espécies invasoras" (ANCC, 2021).[3]

Em outros documentos, argumenta-se que a liberdade do cidadão não concorreria com o dever do Estado de prover segurança pública, pois a arma do particular estaria ligada à legítima defesa, e o Estado não poderia entrar no caminho ou atrapalhar quem decidisse se proteger: "O dever do Estado de prover a segurança pública não anula nem proíbe a autodefesa do cidadão" (AOR-EB, 2021).[4]

No segundo caminho proposto pela pauta da bala para salvaguardar a ordem, as medidas de expansão da capacidade de violência do Estado, parlamentares e instituições apresentaram a segurança pública no Brasil como um direito negligenciado e um campo em crise, diagnósticos recorrentes nos casos de defesa do armamentismo. A solução residiria na adoção de um modelo específico e marcadamente repressivo. A ideia de que o país está imerso em uma crise de segurança pública perpassa a maioria dos casos analisados. Parlamentares ligados à agenda da "bala" — muitos deles com patente militar — valem-se da imagem de um país amedrontado para dar andamento às mais variadas pautas: a defesa da Lei Orgânica das Polícias Militares e dos Corpos de Bombeiros Militares, as propostas de piso salarial nacional e de transformação do homicídio de policiais em crime hediondo, a oposição ao fim dos autos de resistência. A "nação" estaria "refém dos bandidos" e "dominada pelo medo", e as autoridades estariam "acuadas pela incompetência", como afirmou o deputado Cabo Sabino (PR-CE) no PL nº 4.471/2012, 2015.[5]

Algumas medidas em defesa dos direitos humanos são consideradas agravantes da crise. A extinção do auto de resistência — compreendido como uma garantia jurídica para a atividade policial[6] — e a criação da CNV, por exemplo, contribuiriam para acirrar conflitos e perturbar a precária paz social, além de atentar contra aqueles que trabalham para proteger a sociedade (as polícias e as Forças Armadas). Essas escolhas políticas estariam na origem do aprofundamento da crise da segurança pública no país, por eliminarem as últimas barreiras contra a "bandidagem". O fim dos autos de resistência, por exemplo, ao fazer com que "toda e qualquer morte, seja [de] quem for, [d]o bandido da maior periculosidade que seja, transforme-se imediatamente em inquérito", seria uma medida que nos deixaria "entregues à bandidagem", nas palavras do então deputado Jair Bolsonaro (PP-RJ), autor do PL nº 4.471/2012, 2015.[7] "Quem quiser continuar essa política", conclui Bolsonaro, "é só continuar votando no PT no ano que vem" (Bolsonaro, 2015). O deputado e futuro presidente da República posicionou-se exaustivamente contra o fim dos autos de resistência e a criação da CNV, e a favor tanto do excludente de ilicitude para homicídios praticados por agentes de segurança pública como da transformação de homicídios contra essas pessoas em crime hediondo.

A incompetência do poder público aparece como fonte adicional do colapso da segurança pública. O fator mais lembrado pelos parlamentares nos casos analisados é a impunidade, que aterroriza o "cidadão de bem", ameaça o Estado democrático de direito e exige soluções enérgicas, uma vez que "mais de 90%" da população veria na impunidade "um dos maiores fatores geradores da violência". Nas palavras do deputado Cabo Sabino: "Mas o que tem sido feito para se acabar com a impunidade? Quando são apresentados projetos acabando com a progressão da pena, esses projetos são tidos como inconstitucionais. Inconstitucional, porém, é o Estado não garantir a segurança e a inviolabilidade do direito à vida" (Sabino, 2015). Esse diagnóstico alarmante, na visão desses parlamentares, requer ações urgentes.

Os caminhos para recuperar um passado tranquilo, em que "ensinavam-nos a respeitar os idosos" (Sabino, 2015), seriam três: recrudescimento de penas, mais prisões e fortalecimento das forças policiais. Pautado na repressão, esse modelo aparece como o único capaz de dar conta da caótica situação do país.[8] A transformação do homicídio de policiais em crime hediondo serviria de exemplo, mostrando aos "bandidos" os perigos de se voltarem contra agentes do Estado. É esse raciocínio que embasa o parecer do relator Marcos Rogério (PDT-RO) na apreciação do PL nº 3.131/2008.[9] Segundo o então deputado, a medida seria "crucial para fortalecer o Estado democrático de direito e as instituições legalmente constituídas para combater o crime, especialmente o organizado, o qual planeja gerar pânico e descontrole social quando atenta contra os atores do combate à criminalidade".

Lidar com a violência exigiria falar a mesma linguagem do crime, ou seja, uma linguagem violenta. A frase de Cabo Sabino é ilustrativa do argumento: "vamos resolver o problema da segurança pública e da violência neste país com ações enérgicas [...] não é com rosas, não é com 'por favor'; bandido só conhece uma linguagem: a do mais forte". Toda oposição às medidas compreendidas nesse ideal é considerada uma injustiça com os policiais e demais agentes das forças de segurança pública, por supostamente fazer a defesa do "bandido" em lugar do trabalhador (Sabino, 2015).

A valorização dos profissionais da área passa ainda pela estruturação das pms e dos Corpos de Bombeiros, pela extensão de direitos, competências e prerrogativas de seus membros, pelo incremento salarial — em suma, pelo aprimoramento da atividade policial, conforme a Proposta de Emenda Constitucional (pec 300/2008, 2008) do então deputado Arnaldo Faria de Sá (ptb-sp). Esse aprimoramento abrange ainda medidas de "segurança jurídica" para neutralizar as tentativas de interferência e controle do Judiciário, que representariam insegurança e violação dos direitos dos agentes (Sabino, 2015), e garantir o respaldo jurídico à atividade policial, por meio de instrumentos como o auto de resistência e uma nova Lei Orgânica das Polícias Militares e dos Corpos de Bombeiros Militares.

# Democracia, separação de poderes e vontade popular

Noções como vontade popular, soberania da maioria, pluralismo, separação de poderes, segurança jurídica, laicidade e ativismo judicial são mobilizadas para defender a manutenção dos decretos que flexibilizam o Estatuto do Desarmamento. Um dos argumentos mais recorrentes, de que o comércio de armas de fogo é fruto da vontade popular e por isso não deve ser restringido, remete ao referendo de 2005, quando a população decidiu que não deveria haver uma proibição total a esse tipo de comércio. Embora tenha sido realizado como uma das etapas da implementação do Estatuto do Desarmamento o referendo é compreendido por armamentistas como um contraponto ao próprio estatuto: teria sido um momento único de manifestação da soberania popular na história do país, em que "a maioria esmagadora da população decidiu pela manutenção de seu direito de poder adquirir meios aptos a defesa da vida", uma vez que "mais de 63% da população votaram contra a proibição do comércio de armas de fogo no Brasil". Por isso, "a lei que poderia ter nascido como norma desarmamentista sofreu interferência direta da vontade popular, restando, portanto, apenas o conteúdo de lei de regulamentação e controle das armas de fogo, jamais a fantasia do 'Estatuto do Desarmamento'" (Proarmas, 2021).[1]

Na mesma linha de argumentação, as vozes contrárias às flexibilizações inauguradas pelos decretos de Bolsonaro, sobretudo contra a permissão para que cidadãos comuns tenham acesso a mais armas, mais munições e equipamentos de uso restrito, são encaradas como desrespeito à vontade da maioria, e, como tal, à própria democracia. Ao defender a constitucionalidade das medidas, as entidades armamentistas se apresentam como defensoras da soberania popular, lutando contra uma minoria que deseja, a todo custo, impor sua vontade, "tolher a liberdade, contrariar a legislação, ignorando o plebiscito [sic] de 2005, [...] decisão soberana do povo" (CBTE, 2019).[2]

A soberania popular, invocada na contraposição entre referendo e Estatuto do Desarmamento, seria também um endosso das políticas armamentistas de Bolsonaro, na medida em que sua eleição democrática legitimaria seu projeto de governo, declaradamente pró-armas desde a campanha eleitoral. Exemplo desse tipo de raciocínio, a argumentação do Proarmas sustenta que "a democracia representativa insculpida na Carta Magna deixa claro que as políticas de governo são atribuições do nome vencedor nas eleições". Nesses termos, caberia "ao Executivo, ao Presidente regularmente eleito, munido dos critérios de conveniência e oportunidade, definir quais serão as políticas adotadas pelo Governo; fatos que decorrem de democracia representativa vigente no país" (Proarmas, 2021).[3]

A ideia de democracia também surge no argumento segundo o qual as mudanças na política de controle de armas realizadas pelos decretos seriam de caráter administrativo, próprias da competência do Poder Executivo. Quaisquer manifestações do Judiciário são rebatidas como "ativismo judicial". Querer discuti-las equivaleria, portanto, a atentar contra a separação de poderes e contra a própria democracia, pois, em última instância, "escolhas" como essas seriam "políticas" e deveriam ser respeitadas pelo Judiciário (AOR-EB, 2021),[4] na dinâmica de freios e contrapesos. Suspender os decretos constituiria, nessa linha de raciocínio, uma "intromissão no mérito do conteúdo normativo", configurando "ato atentatório à democracia, pois o Poder Judiciário não é eleito e nem pode substituir o Poder Legislativo e o Poder Executivo" (AOR-EB, 2021).[5]

A laicidade e a defesa do pluralismo, valores políticos típicos das democracias constitucionais, também aparecem no discurso armamentista (Proarmas, 2021).[6] Segundo esse raciocínio, a ideia de "pacificação social" que norteou as decisões contrárias aos decretos teria origem no preceito budista da não violência, o que constituiria um desrespeito ao princípio da laicidade. O compromisso do Estado brasileiro com o pluralismo próprio das democracias deveria abrigar as diversas formas de fé e projetos de boa vida, e não privilegiar esta ou aquela, o que implicaria a "impossibilidade de qualquer magistrado, enquanto ente estatal, prolatar um voto com base em suas próprias convicções religiosas" (Proarmas, 2021).[7]

O princípio da separação de poderes é outra justificativa empregada para tentar evitar a apreciação judicial de temas relacionados ao policiamento. Foi o que ocorreu na ADPF das Favelas. Segundo essa concepção, o Poder Judiciário não deve opinar sobre políticas públicas — e, caso opine ou interfira, estará usurpando a soberania popular, uma vez que, ao eleger determinado candidato, o povo terá escolhido também as ideias e políticas públicas sustentadas por ele. Assim, questionar a constitucionalidade da atuação da Polícia Militar em comunidades do Rio de Janeiro seria "suprimir o poder que emana do povo, que escolheu uma linha de política de segurança diante de outras" (MP Pró-Sociedade, 2021).[8] Ao decidir sobre o tema, o STF estaria atuando como "legislador positivo" e interferindo no "conteúdo da política pública de segurança local" (Advocacia Geral da União [AGU], 2019).[9]

# Entre direitos e liberdades

## Direito à vida e à legítima defesa para quem se arma

Amparadas no direito à vida, à legítima defesa e à liberdade, entidades que defenderam a constitucionalidade dos decretos de Bolsonaro sustentaram que há um "direito às armas de fogo".[1] Ainda que não esteja previsto expressamente na Constituição, esse direito deveria ser garantido, segundo o raciocínio, como consequência do direito à vida, um direito fundamental, condição para que todos os demais direitos possam ser exercidos. Assim, comprar armas de fogo seria "o exercício de um direito universal jamais negado em qualquer democracia: o direito de defender a vida" (AOR-EB, 2021).[2] Previsto na Declaração Universal dos Direitos Humanos (1948) e na Constituição, o direito à vida é definido, nos termos da associação, como "o maior direito e garantia fundamental" e se traduz no "direito à segurança", do qual a posse e o porte de armas de fogo seriam condições necessárias (AOR-EB, 2021).[3]

A posse e o porte de armas de fogo também seriam um direito por darem acesso a outro direito constitucional, a legítima defesa, o "mais natural direito de todo aquele que nasce humano" (AOR-EB, 2021).[4] "Sem a utilização do instrumento adequado (arma de fogo)", argumentam, o direito de defesa da vida e o direito à legítima defesa são quimeras, meras normas programáticas (AOR-EB, 2021).[5]

Argumenta-se que o cidadão é livre para decidir a melhor forma de defender sua vida e a de sua família, assim como seus bens, e prover a própria segurança, que não seria garantida pelo Estado. No exercício do "direito à liberdade" de se autoproteger, "se necessário for, agindo em legítima defesa e dentro das excludentes de ilicitude", o cidadão poderia lançar mão de armas de fogo, "não podendo ser aceito nenhum entendimento diferente [da legítima defesa], considerando que o direito à vida é o mais fundamental de todos os direitos, já que se constitui em pré-requisito à existência e exercício de todos os demais direitos" (CBTP, 2019).[6] Corolário do direito à vida e à legítima defesa, o acesso às armas seria uma consequência do direito à liberdade (CBTP, 2019).[7]

Se, de um lado, a segurança pública é vista como um dever do Estado, a valorização dos profissionais responsáveis pela proteção da sociedade, de outro, é considerada um direito individual, que comporta a dimensão da legítima defesa. Essa dimensão é enfatizada, por exemplo, para justificar o excludente de ilicitude para agentes de segurança pública, ou seja, a ideia de que os atos desses agentes em serviço não poderiam ser tomados por ilegais. É nesse sentido que os ex-ministros de Jair Bolsonaro consideram a legítima defesa um "direito natural", que teria inclusive um "propósito de prevenção geral". Por conta disso, essa figura estaria presente em "quase todos os sistemas jurídicos, ainda que não prevista expressamente em lei, constituindo-se na causa de exclusão de ilicitude mais remota ao longo da história das civilizações".[8]

## Direito à segurança (jurídica)

A segurança jurídica é um princípio estrutural do Estado de direito: uma das suas garantias básicas é que as leis serão suficientemente claras e conhecidas para que todas as pessoas possam ter uma noção adequada do que é lícito e ilícito, e assim não se vejam surpreendidas por acusações de que agiram fora da legalidade. Esse princípio pode ser tematizado de diversas maneiras.

As manifestações em defesa dos decretos armamentistas invocam o princípio da segurança jurídica e o risco do retrocesso legislativo como alerta de que a ordem e a coerência do sistema de controle de armas e munições ficariam comprometidas caso as medidas editadas por Bolsonaro fossem declaradas inconstitucionais e, por isso, suspensas (CBTD, 2021).[9] A segurança jurídica é apresentada como uma importante conquista dos decretos de Bolsonaro. Ao regulamentar questões em aberto, eles teriam organizado um sistema anteriormente confuso e por vezes burocrático, concentrando disposições relativas ao controle de armas e munições em um só lugar. Apenas com essa organização, CACs e outras categorias de proprietários de armas de fogo poderiam ter certeza de seus direitos e responsabilidades. Uma manifestação da CBTD exemplifica esse raciocínio. Segundo a entidade, os decretos seriam apenas um ato de "desburocratização do sistema de acesso e controle de armas, munições e produtos controlados" por parte do chefe do Executivo, sem "exceder o limite regulatório ou extirpar a letra da lei". As medidas de Bolsonaro teriam sistematizado dispositivos legais esparsos que, antes de serem organizados pelos decretos, geravam um ambiente de insegurança jurídica para quem desejava ter propriedade e porte de armas e munições dentro dos parâmetros legais (CBTD, 2021).[10]

O princípio da segurança jurídica é tematizado de outra maneira nas manifestações sobre a atuação de profissionais de segurança pública: como agentes do Estado, as ações desses profissionais em serviço estariam revestidas de presunção de legalidade. A ideia aqui é que, por agirem de maneira oficial, "em nome da lei", tais agentes estariam, por princípio, agindo de acordo com ela.[11] Isso implicaria especialmente o dever do Poder Judiciário de presumir a legitimidade das ações policiais: "é dever de todo magistrado (e também do membro do Ministério Público) presumir a legitimidade da ação dos agentes policiais em cumprimento à lei e a um comando judicial" (MP Pró-Sociedade, 2021).[12] Ainda segundo essa lógica, iniciativas como a expansão de competências da PM, a fixação de um estatuto próprio para policiais militares e bombeiros, a garantia de que homicídios cometidos por agentes de segurança no exercício de suas atividades não terão ilicitude reconhecida[13] são consideradas necessárias para dar respaldo ao exercício satisfatório das atividades policiais. A justificativa para criar o excludente de ilicitude seria garantir "a devida segurança jurídica ao exercício da atividade policial" (então deputados Eduardo Bolsonaro, PSC-SP, e Jair Bolsonaro, 2017, 2017)[14] ou "proteger e trazer maior segurança jurídica aos homens e mulheres policiais" (então deputado Hugo Leal, PSD-RJ, PL 808/2019, 2019).[15] Seria necessário "conferir segurança e respaldo jurídico à atuação policial", assim como ocorreria "no exercício da função jurisdicional pelos magistrados e nos misteres específicos dos membros do Ministério Público e da Defensoria Pública" (Leal, 2019).

Nas manifestações de parlamentares contrários à CNV, a segurança jurídica, entendida como uma garantia de agentes do Estado, também está no pano de fundo de alguns argumentos. A comissão seria motivo de instabilidade e alteraria o equilíbrio alcançado no processo de redemocratização. Qualquer tipo de responsabilização pelas ações cometidas na ditadura militar seria prejudicial ao país e humilharia os militares. No mesmo sentido, os atores contrários ao fim dos autos de resistência e a favor do excludente de ilicitude categorizam as propostas da oposição como medidas que enfraquecem e degradam as instituições de segurança pública. Segundo o então deputado Jair Bolsonaro, a CNV poderia "abalar a disciplina" das Forças Armadas, uma vez que "velhos generais e coronéis" não aceitariam a "imposição da Comissão de ter que colaborar" com o trabalho. Em suas palavras: "O que o Brasil vai ganhar com isso? O que a democracia vai ganhar com isso? Vejam o papel que as Forças Armadas desempenharam ao longo de décadas. [...] Fora isso, respeite o Estado democrático e não dê superpoderes a esses facínoras para nos humilhar e para criar um problema nas Forças Armadas do Brasil" (então deputado Jair Bolsonaro, PP-RJ, PL nº 7.376/2010, 2011).[16]

No caso do excludente de ilicitude, há justificativas com lógica semelhante. A apuração e a fiscalização da letalidade policial pelo Judiciário intimidariam os agentes policiais e os afastariam de sua profissão — seriam, portanto, prejudiciais ao bom trabalho de segurança pública, o que aumentaria a criminalidade. Na justificativa apresentada pelo Coronel Tadeu ao propor a medida (PL nº 456/2020), o então deputado afirma que a apuração da letalidade policial pelo Judiciário criaria "uma legião de [agentes policiais] intimidados [...] que acabem se tornando descrentes e indiferentes, meros burocratas da segurança pública" (então deputado Coronel Tadeu, PSL-SP, PL nº 456/2020, 2020).[17] No mesmo sentido, no PL nº 808/2019, o deputado Hugo Leal afirma que a fiscalização da atividade policial gera "o afastamento de muitos desses da atividade, e [...] um evidente acanhamento e receio no desempenho da função policial", o que, por sua vez, desencadearia "um aumento vertiginoso da criminalidade" (Leal, 2019).

Argumento semelhante é empregado em debates sobre o fim dos autos de resistência. Uma vez que a atividade policial já seria alvo de controle "demasiadamente rígido", "inclusive pelos veículos de comunicação e movimentos sociais, e [por] uma mudança substancial no pensamento dos operadores do direito (Juízes e Promotores de Justiça)" (Leal, 2019), não haveria, portanto, nenhuma necessidade de implementar algum mecanismo de controle extra.

Durante a votação do PL nº 4.363/2001, que instituiu a Lei Orgânica das Polícias Militares e dos Corpos de Bombeiros Militares, vários parlamentares favoráveis ao projeto celebraram sua aprovação como um marco capaz de prover segurança jurídica aos policiais e bombeiros militares: a lei seria uma "garantia da dignidade e da segurança jurídica" — que chegou "atrasada" para esses profissionais (então deputado Pastor Sargento Isidório, Avante-BA, PL nº 4.363/2001, 2022)[18] — e traria "dignidade e segurança jurídica para os nossos heróis", sujeitos que "vivem uma guerra diária" (então deputado Capitão Alberto Neto, PL-AM, PL nº 4.363/2001, 2022).[19]

Ainda nessa linha, não seria inconstitucional anistiar os policiais responsáveis pelo Massacre do Carandiru; ao contrário, a inconstitucionalidade estaria em condenar os acusados. Isso porque, ao não individualizar as penas, a condenação teria desrespeitado a Constituição e os tratados internacionais de direitos humanos dos quais o Brasil é signatário, que garantiriam o princípio da individualização (a necessidade de levar em consideração as particularidades do caso concreto e do acusado para determinar a pena). Além disso, não haveria conduta certa definitivamente comprovada, o que atentaria contra princípios humanitários do direito doméstico e do direito internacional. Em suma, a condenação dos envolvidos no Massacre do Carandiru não teria respaldo constitucional, conforme raciocínio do relator do PL nº 2.821/2021, o deputado Sargento Fahur.

Na justificativa do endurecimento de penas para homicídios de agentes de segurança pública também aparece a invocação da legalidade: o "recrudescimento da pena para este tipo de crime" seria "crucial para fortalecer o Estado democrático de direito e as instituições legalmente constituídas" (Rogério, 2015). Por outro lado, seriam atentatórios à Constituição o crítico estado no qual a segurança pública se encontra no Brasil, os altos índices de criminalidade e a insegurança, bem como o não cumprimento, por parte do Estado, de seu dever de garantir aos "cidadãos de bem" os direitos à vida e à segurança (Sabino, 2015).

# "Verdadeiras vítimas" e seus inimigos

Tanto os defensores do armamentismo quanto os da expansão de poder e garantias às forças públicas se valem de oposições bem marcadas entre armas legais e ilegais, e entre "cidadãos de bem" e "bandidos". Sustenta-se uma diferença binária equivalente à oposição entre quem deve ser punido e quem deve ser somente regulado.

"Continuar atribuindo foco nas armas e não nos criminosos é o grande erro nessa questão" (Aniam, 2021).[1] De acordo com essa distinção, os donos de armas legais são associados à figura do "cidadão de bem", disposto a se submeter aos "testes psicológicos" e regulamentos para obter armas e munições, para a prática esportiva ou proteção. Contrapõe-se a essa figura o "meliante", o "bandido" ou o "traficante", que "jamais irá solicitar a aquisição de arma de fogo à Polícia Federal ou ao Exército brasileiro" (CBTP, 2021).[2]

O "cidadão de bem" é frequentemente descrito como alguém que tem uma ocupação lícita, incluindo o serviço público. Os atiradores esportivos, por exemplo, "são pessoas de bem, vindos dos mais diversos segmentos de nossa sociedade; são empresários, médicos, comerciantes, engenheiros, advogados, fazendeiros, integrantes das Forças Armadas, do Poder Judiciário, do Ministério Público, funcionários públicos, etc." (TiroMS, 2021).[3] Essa figura tem sido diretamente associada à ideia da família como núcleo de cidadãos de bem que merecem proteção de seus direitos, a exemplo do que ocorre na prática de tiro esportivo, na qual haveria "esposas e filhos que também participam" (TiroMS, 2021).[4]

As organizações armamentistas fazem questão de registrar que se posicionam em defesa das armas legais (que deveriam ser reguladas e controladas, mas não proibidas) e que não compactuam com as armas ilegais (que deveriam acarretar "penas altíssimas"). O alinhamento a posturas conservadoras em defesa do endurecimento penal aparece em manifestações como a dos membros da AOR-EB, que se dizem "totalmente favoráveis à aplicação implacável dos rigores da lei a todos que por ventura [*sic*] venham a fazer mau uso" das armas (AOR-EB, 2021).⁵

Esse esforço para caracterizar o sujeito "de bem", portador de armas "legais", beneficiado pelos decretos de ampliação da circulação das armas de fogo, é base dos argumentos que vinculam os altos índices de criminalidade ou violência aos "bandidos". "[Se] desde 2003 o cidadão não consegue comprar armas de fogo legais em razão da exigência da comprovação de 'efetiva necessidade', o contexto de alta violência sistemática se deve às armas ilegais dos bandidos" (AOR-EB, 2021).⁶ A mesma entidade sustenta ainda que a oposição aos decretos estaria atribuindo "mortes cometidas por criminosos com armas ilegais às armas legais".⁷ No mesmo sentido, o Proarmas chegou a afirmar que "confundir o uso privado e lícito de armas com questões de segurança pública decorrentes do tráfico ilegal de armas fere direitos constitucionais, como o dever de fundamentar [*sic*] práticas desportivas (art. 217 da Constituição) ou mesmo garantir a inviolabilidade do direito à vida (art. 5º, *caput*, da CF)" (Proarmas, 2021).⁸ Com base nessa distinção, as associações admitem que haja algum tipo de controle dessa circulação, mas a proibição e as "penas altíssimas" deveriam dirigir-se somente às armas ilegais (AOR-EB, 2021).⁹

Também a partir dessas diferenciações, argumenta-se que há "injustiça", "discriminação" e "discurso de ódio" contra portadores de armas legais. Essa prática faria com que o "cidadão de bem" que possui uma arma "seja visto como uma pessoa ruim ou alienada", o que propagaria "o medo das armas" (CBTD, 2021).¹⁰ Argumentos como esses, mais do que apenas buscarem afastar proprietários de armas legais do envolvimento com condutas criminalizadas, põem tais pessoas no papel de "vítimas". Nesse sentido, as pessoas "de bem" seriam vítimas da criminalidade e teriam direito de adquirir armas de fogo como meio de defesa, de modo regulamentado, após a realização de testes psicológicos.

Um argumento empregado com menor frequência — e oposto à estratégia argumentativa mais recorrente, de que o Estatuto do Desarmamento apenas disciplinaria a posse e o porte de armas, não levaria ao desarmamento — simplesmente desqualifica a legislação, ao defender que "a lei 10.826 foi o maior retrocesso social da história do Brasil ao retirar o direito de defesa do cidadão" (AOR-EB, 2021).¹¹

A AOR-EB apresenta o estatuto como uma política fracassada, projetada para vulnerabilizar o cidadão, expondo-o aos perigos representados pelos "bandidos" ao negar-lhe a possibilidade de se proteger, o que invariavelmente demandaria o acesso às armas de fogo.

Nos casos do eixo sobre políticas de segurança pública e criminais, uma construção similar às anteriores se baseia na ideia de um inimigo, o "bandido", a ser combatido — de modo que, para tanto, seria necessário fortalecer as forças de segurança. O "cidadão de bem", por sua vez, equivaleria à figura do policial.

Enquanto os "criminosos" são tidos como bem equipados, bem estruturados, poderosos, "fortemente armados" e no comando de territórios e comunidades inteiras, a precariedade da infraestrutura da polícia é apontada tanto nos "equipamentos de trabalho e proteção pessoal muitas vezes impróprios e inadequados" quanto nos salários reduzidos. De acordo com o MP Pró-Sociedade, diferentemente dos policiais, os criminosos estariam "preparados para o confronto armado [...], utilizando-se das instalações civis, casas, escolas", empregando "táticas que sujeitam a população civil e [...] seriam consideradas crimes de guerra pelo Estatuto de Roma. [...] O cenário não é um de uma simples prisão de um cidadão comum num contexto de paz e ordem de uma cidade", mas uma "verdadeira 'Faixa de Gaza'" (MP Pró-Sociedade, 2021).[12]

Esse contraste é empregado para ressaltar a importância dos policiais, que seriam os únicos capazes de enfrentar "inimigos" tão fortes, que cometem atos de "terrorismo", "atacam o Estado, implantam o terror, dominam o território, obtêm vantagens pecuniárias para manter o controle desses territórios, matam, tiram, caso julguem oportuno, a vida de qualquer pessoa" (então deputado Sargento Gurgel, PSL-RJ, PL n° 4.363/2001, 2021).

É também por esse contraste que se legitima a necessidade de mais investimento estatal nas carreiras e nas estruturas policiais, que não estariam em pé de igualdade com o que os "criminosos" têm à disposição.[13]

Descritos como "corajosos" e, por vezes, "injustiçados", policiais e militares seriam responsáveis pela manutenção da ordem social. Defender um bem dessa grandeza justificaria a violência e ações extremas, uma vez que o Estado de direito e a democracia seriam dois conceitos impossíveis sem a ordem e a paz social.[14] O Massacre do Carandiru, por exemplo, é retratado como uma "necessária e urgente intervenção policial para restabelecer a ordem pública" ou uma "bem-sucedida [...] operação para contenção da rebelião" (então deputado Sargento Fahur, PSD-PR, PL nº 2.821/2021, 2022).[15] O assassinato de 111 pessoas é apresentado como uma ação "legítima e necessária para restabelecer a paz naquele ambiente evidentemente caótico e violento" (Fahur, 2022).

Argumentos desse tipo estão presentes principalmente nas disputas sobre a instalação da CNV, a anistia para os policiais envolvidos no Massacre do Carandiru e a ADPF das Favelas. Apesar de distintos, esses casos compartilham o debate sobre situações extremas, nas quais posturas incompatíveis com o Estado democrático de direito são justificadas em nome da manutenção da ordem. Com base nesse raciocínio, são rejeitadas políticas de memória e verdade que investiguem crimes da ditadura militar no país, enquanto se defende o perdão para indivíduos responsáveis por uma chacina e, ainda, pela manutenção de uma violenta política de ação da PM, sempre sob a alegação de que as forças de segurança, nas três situações, estariam apenas cumprindo seu dever: proteger a sociedade. A tentativa de instaurar a CNV, por exemplo, não passaria de uma forma de "golpear uma instituição responsável pela soberania nacional" (Bolsonaro, 2011).

No cenário de crise da segurança pública e dos valores, afirma-se a necessidade de defender as pessoas "de bem" contra os "criminosos". Os profissionais da segurança pública, "verdadeiros cuidadores sociais e defensores do povo brasileiro", seriam figuras essenciais nessa empreitada (Sabino, 2015). "Compelidos a agir, com risco da própria vida", esses agentes por vezes lançam mão da violência para manter a ordem e não deveriam ser punidos, mas protegidos (Silva; Moro; Francisco, 2019). Não haveria que se falar, portanto, em violência, desproporcionalidade ou descompasso entre as ações das forças de segurança pública e o Estado democrático de direito. O real desacordo com a legalidade estaria nas tentativas de controlar e responsabilizar os agentes das forças de segurança pública por exercerem seu papel de proteger a sociedade do crime (MP Pró-Sociedade, 2021).[16]

Questionamentos como os levantados na ADPF das Favelas contribuiriam para agravar a crise na segurança. Aí estaria o estado de coisas inconstitucional (alegado pelos autores da ação para qualificar a segurança pública do Rio de Janeiro) e não na ação dos policiais em operações: o controle das ações policiais resultaria em um cenário de "facções paralelas ao Estado detendo maior poder de fogo e domínio territorial, reinando sem nenhum controle e restrição sobre extensas áreas do território onde vivem famílias brasileiras aterrorizadas [...]" (MP Pró-Sociedade, 2021).[17] O mesmo raciocínio embasa discursos pelo excludente de ilicitude para homicídios praticados por agentes de segurança pública no exercício de suas funções: "a deficiência em torno da retaguarda jurídica dos policiais tem um impacto no aumento da criminalidade" (Leal, 2019).

A oposição à criação da CNV também trabalha com a ideia de manutenção da ordem pública. Declarações sobre a inutilidade da CNV frente à existência da Lei da Anistia somam-se a diagnósticos de que a comissão, além de não trazer benefícios para o país e de macular a reputação das Forças Armadas, poderia gerar uma situação de caos social, diante da possível reação negativa das Forças Armadas à execução do projeto. A instauração da comissão iria "abalar a disciplina" (Bolsonaro, 2011), ao mesmo tempo que acrescentaria "mais uma crise às tantas crises que o País já tem que enfrentar [...], ao reabrir feridas que já estão cicatrizadas, provocando novas lágrimas de dor em pessoas que não aceitem eventuais calúnias, perseguições e injustiças" (então deputado Arolde de Oliveira, PSD-RJ, PL n° 7.376/2010, 2011).[18]

Enquanto policiais e militares aparecem como heróis, as iniciativas de controle, limitação ou responsabilização dessas forças de segurança são vistas como ataque, "revanchismo" e perseguição da "esquerda" (Bolsonaro, 2011; Oliveira, 2011). Essas iniciativas seriam, portanto, prejudiciais para as funções exercidas por esses profissionais ou para a própria democracia.

Para limitar a responsabilização dos agentes de forças de segurança, são recorrentes os argumentos que os apresentam como técnicos, treinados e conhecedores da realidade, muitas vezes com décadas de experiência em suas funções. Parlamentares envolvidos nessas discussões que já tenham atuado como agentes de segurança pública buscam legitimar seus posicionamentos invocando a "experiência de 20 anos de rua" (Sabino, 2015). Além disso, reforçam o quanto os agentes de segurança pública seriam profissionais bem treinados que desempenhariam muito bem suas funções. "Sabem trabalhar, sim!", ao contrário dos políticos, "que fazem uma gestão péssima, pagam mal aos policiais" (então deputado Major Fábio, do Partido Republicano da Ordem Social, Pros-PB, PL nº 4.471/2012, 2014).

Em oposição a esse acesso aos fatos garantido pela prática profissional, haveria tentativas "ideológicas", "políticas" ou "garantistas" — associadas ao campo da esquerda — de estabelecer controles ou formas de responsabilização desses atores. A justificativa do PL nº 2.821/2021, que pretende anistiar os policiais envolvidos no Massacre do Carandiru, é paradigmática desse tipo de raciocínio. No texto, o deputado Capitão Augusto (PL-SP) afirma que a aprovação da lei seria necessária para evitar "julgamentos políticos" desses agentes, que estariam "sofrendo perseguição política e ideológica". Ele complementa que os responsáveis por tal "perseguição" seriam "parte do Ministério Público e da Justiça, formada na doutrina garantista" (então deputado Capitão Augusto, PL-SP, PL nº 2.821/2021, 2021).

# Realidade e ideologia

Um núcleo de argumentos analisados nas ADIs sobre os decretos armamentistas centra-se na dualidade entre ciência ou realidade e ideologia ou ilusão. De um lado, os atores da "bala" reivindicam para si a compreensão da realidade brasileira em relação à segurança pública e ao controle de armas; de outro, atacam dados e pesquisas apresentados pelos propositores das ADIs, acusando-os de usarem do Judiciário como instrumento de revanchismo político. Dessa forma, colocam-se como os únicos detentores de informações confiáveis, científicas e compatíveis com a real situação do país sobre o controle de armas e munições. Descredibilizam seus adversários e acusam as manifestações pela inconstitucionalidade dos decretos de usarem dados falsos, provenientes de pesquisas fraudulentas, em verdadeira trama ideológica.

Apelidado de "mito", "folclore" e "alegoria", o nome "Estatuto do Desarmamento" é constantemente descredibilizado, interpretado como uma invenção desarmamentista descolada da lei nº 10.826/2003, de fato existente (Proarmas, 2021).[1] Analisada "de forma técnica", a lei teria o propósito de disciplinar a posse e o porte de armas, e não de provocar o desarmamento. Tal interpretação "técnica" da legislação, revelando o "verdadeiro" sentido do Estatuto, denunciaria a "ideologia" dos opositores ao armamentismo.

Esses são os argumentos que apresentam o estatuto como "Lei das Armas" ou "Estatuto das Armas de Fogo" (Proarmas, 2021).[2] O objetivo da legislação seria controlar, mas não restringir ou vedar, o acesso às armas de fogo e munições. De maneira semelhante, os decretos são interpretados como iniciativas para regulamentar o estatuto e desburocratizar a política de controle de armas de fogo, e não para desmontá-la. Não haveria assim uma política de desarmamento sendo desfeita, porque ela simplesmente não existiria. Do mesmo modo, longe de atacar a lei nº 10.826/2003, os decretos, ao flexibilizarem as diretrizes legais e facilitarem o acesso a armas de fogo e munições no país, teriam lançado luz sobre questões não detalhadas na legislação e reforçado a robusta "política de armas" do país, e não o contrário (Proarmas, 2021).[3]

No primeiro caso, os decretos cumpririam o que está inscrito no próprio estatuto, estabelecendo conceitos complementares às disposições da lei. Assim, o objetivo das mudanças seria cumprir essas determinações e reduzir o espaço de subjetividade (CBTP, 2019),[4] uma vez que, "se a própria lei [10.826/2003] deixa claro que deve ser regulamentada, é dever do Poder Executivo fazê-lo, cabendo ao Senado verificar se referida regulamentação se ateve ao Poder regulamentar" (Proarmas, 2021).[5]

Na segunda perspectiva, as medidas visariam "diminuir a excessiva burocracia, tornando o procedimento mais eficaz e, por conseguinte, célere" (FTPRJ, 2021).[6] Tal desburocratização, inclusive, serviria de incentivo ao esporte, além de dinamizar e simplificar o trabalho de fiscalização do Exército (CBDT, 2021).[7]

Dessa maneira, as entidades podem sustentar a compatibilidade entre o que chamam de "Lei das Armas" (Proarmas, 2021)[8] e os decretos de Bolsonaro, tratando como ilusória a ideia de que os últimos alteram a primeira ou representam o desmonte da política de controle de armas e munições do país. Assim, "não há que se falar aqui em banalização do armamento da população", pois isso "não encontra nenhuma ligação ou indício nos decretos atacados" (Abate, 2021).[9]

O apelo à realidade foi recorrente nas argumentações contrárias ao Estatuto do Desarmamento à época de sua votação.[10] Nas manifestações em favor dos decretos nas ADIs analisadas, ele reaparece com os mesmos contornos. Além do apelo à "realidade brasileira" como justificativa para a não adoção — ou adoção — de determinada política pública, reivindica-se conhecer a "verdadeira" situação do país, seus "reais" problemas e as soluções mais acertadas.[11]

As menções à necessidade de análise "técnica" são frequentes nos casos analisados. A CBT, por exemplo, afirma que seus "esclarecimentos técnicos" seriam realizados "sem tabus, excesso ou paixões" e visariam "contribuir com o debate" ou dar "voz e compreensão do real cenário" (CBT, 2021).[12] A nova realidade exporia a incapacidade de a política de desarmamento lidar com a violência; demonstraria que as armas são necessárias à proteção do cidadão e que contribuem para diminuir a criminalidade e a violência. Conscientes da "real" situação, os atores da "bala" estariam incumbidos da missão de proporcionar ao debate informações confiáveis, pois as instituições que questionam a constitucionalidade dos decretos "desconhecem o processo de aquisição de armas de fogo e munições voltados aos atletas/atiradores" (CBTP, 2021).[13]

Algumas manifestações contestam a credibilidade dos estudos apresentados pelas partes contrárias, que, além de desconhecerem a "realidade", agiriam por motivações políticas, falseando pesquisas e apresentando dados mentirosos. Para esses atores, as informações produzidas pela oposição aos decretos deveriam ser desconsideradas por não refletirem a realidade — e deveria, inclusive, "ser aplicada a pena de litigância de má-fé por produzir fake news e distorcer supostos estudos" (Proarmas, 2021).[14]

Soma-se a essa descredibilização a denúncia do caráter "ideológico" ou "político" das contestações à política armamentista de Bolsonaro — são muitas as falas nesse sentido.[15] As ADIs seriam um meio de "partidos políticos" moverem "a máquina pública contra os atos executivos do Governo", para "se perpetuar no poder" (CBTP, 2021),[16] promovendo a "defesa de uma ideologia de implantação do desarmamento civil, [...] alinhada ao Foro de São Paulo" (CBTD, 2021).[17] Do mesmo modo, afirma-se que vincular armas com atividades ilícitas seria fruto de uma "crença ideológica" e que o Judiciário não poderia "julgar com base em 'achismos'" (Proarmas, 2021).[18]

Outras entidades que buscam deslocar a argumentação dos propositores das ADIs do campo jurídico para o ideológico ou político chegam a afirmar que o STF não deveria julgar ações baseadas em quaisquer elementos extrajurídicos. "No Judiciário não se discute política", sustenta a AOR-EB (AOR-EB, 2021),[19] enquanto a FTPRJ sugere que a ação teria "um viés político" (FTPRJ, 2021).[20]

# As direções da "bala"

Militarização da polícia e da segurança pública e emprego de linguagem bélica no debate com os adversários políticos, transformados em inimigos. Aumento da repressão, recrudescimento de penas e armamento da população como resolução de problemas de segurança pública. Promoção de pânico moral em relação à criminalidade, aumento de políticas de encarceramento e profusão de empresas de segurança privada. Essas pautas e discursos conformam aquilo que a literatura dedicada a compreender as conexões entre conservadorismo, segurança pública e política criminal chama de idealismo punitivo.[1]

Neste capítulo, procuramos explorar estruturas argumentativas usadas para justificar as medidas de materialização jurídica desse ideário nas formas mais extremas em que aparecem nos espaços do Judiciário, Legislativo e Executivo brasileiros. Abordamos casos de dois eixos temáticos: a defesa do armamentismo e a expansão da capacidade de violência do Estado, em torno dos quais diferentes atores se unem para promover políticas punitivistas e uso da força como solução para questões sociais.

A ideia de que o país está imerso em uma crise de segurança pública perpassa a maioria dos casos analisados. Neles, encontramos a imagem de uma nação amedrontada por índices de criminalidade nas alturas, mobilizada pelo aumento da circulação de armas de fogo e munição no país e favorável à redução do controle externo da atuação das forças de segurança pública. A criação dessa imagem é um dos traços da ideologia "securitária-autoritária".[2] Segundo essa perspectiva, a "nação" estaria "refém dos bandidos" e "dominada pelo medo". Em defesa das "vítimas", parlamentares e organizações ligados a essas pautas reivindicam a flexibilização da política de controle de armas e munições como consequência do direito à vida e à legítima defesa, e se opõem a medidas que buscam fortalecer o controle democrático das forças de segurança pública.

O uso da categoria "vítima" é outra constante nos discursos analisados, que assim se inserem em uma tendência contemporânea de alçar essa categoria a elemento central da política.[3] No cenário apresentado, a "nação", os "cidadãos de bem" e as próprias forças de segurança pública são as figuras que encarnam o lugar de vítimas da criminalidade, cujos direitos fundamentais justificariam várias medidas propostas. Assim, a flexibilização da posse e do porte de armas de fogo é considerada medida de efetivação de um "direito às armas de fogo", visto como consequência dos direitos à vida, à legítima defesa e à liberdade. Na mesma linha, o Estado democrático de direito — e os princípios que o conformam, como a vontade da maioria, a soberania popular, a separação de poderes, a segurança jurídica, o pluralismo e a laicidade — é mobilizado em favor da manutenção dos decretos do ex-presidente Bolsonaro e das flexibilizações ao Estatuto do Desarmamento implementadas.

No primeiro caso, defensores do armamentismo usam a dicotomia entre cidadão de bem e bandido para limitar os direitos reivindicados — "direito às armas de fogo", à legítima defesa, à vida, à liberdade e à segurança, por exemplo — a um tipo específico de sujeito: o "cidadão de bem". Honesto, pai de família, proprietário e cumpridor da lei, este deveria ser livre para ter e portar armas. A ele caberia ainda a empreitada de restaurar a ordem social ameaçada pelos "bandidos", que comprometeriam o adequado funcionamento da sociedade. Em sentido semelhante, quando se defende a expansão da força policial, os agentes das forças de segurança aparecem como funcionários dedicados que se arriscam no combate ao crime para restaurar a ordem e garantir a segurança dos "cidadãos de bem".

Tanto a reiteração da ideia de uma "crise na segurança pública" quanto a insistência em apresentar certas figuras na posição de vítimas, em um antagonismo marcado pela moralidade, são elementos que apontam para a criação do que Jonathan Simon chamou de "sujeito político ideal, o sujeito modelo, cujas circunstâncias e experiências passaram a representar o bem geral".[4] Ao analisar os Estados Unidos, Simon argumenta que a identificação como vítimas de crimes, familiares de vítimas ou vítimas em potencial da criminalidade tornou-se a principal identidade política daquele país, no contexto de práticas sociais e legislativas que, mesmo implicitamente, estão sempre voltadas para a figura da vítima. O mesmo processo parece ser impulsionado pelos grupos que elaboraram os documentos analisados neste capítulo: há interesse e investimento na construção da vítima da criminalidade (seja cidadão ou agente estatal) como "sujeito político ideal", cujos interesses seriam, então, os interesses legítimos a serem priorizados e garantidos pelo Estado.

Outro elemento transversal aos casos analisados, as ideias de legalidade e democracia são compreendidas em sentidos específicos, muitas vezes antipluralistas. Apresentando um cenário de conflito, em que alguns detêm direitos e outros devem ser neutralizados, levanta-se a oposição entre realidade e ideologia. Defensores dos decretos de ampliação do acesso a armas e munições se arvoram como guardiões do conhecimento sobre a realidade da segurança pública, com posicionamentos embasados em "pesquisas científicas" e "critérios técnicos". Do outro lado, aqueles que não apoiam a ampliação do acesso às armas ou dos direitos das forças de segurança seriam movidos por razões "ideológicas" ou "políticas", que nada teriam a ver com a situação concreta do Brasil.

# A lei do boi

# Uma onda no ruralismo

Uma das mais antigas, coesas e influentes bancadas do Congresso Nacional, a bancada ruralista — ou bancada do "boi" — reúne atores ligados ao agronegócio brasileiro. Diferentemente da atual formação da bancada da Bíblia ou mesmo da bancada da bala, grupos ligados às atividades agrárias ocupam postos de poder e decisão desde o período colonial do país. Não foram poucos os ministros do Império, senadores e deputados que eram também senhores de terras.[1] Na República, a dinâmica política se alterou em diversos aspectos. Contudo, os grandes proprietários rurais continuaram a integrar a elite política do Brasil, o que se mantém até os dias atuais.

O setor agropecuário representou mais de 24% do Produto Interno Bruto (PIB) nacional em 2023[2] e engloba o agronegócio, segmento econômico que envolve agricultura e pecuária, além da produção de insumos e do processamento de matérias-primas para essas atividades. De acordo com dados preliminares do Departamento Intersindical de Assessoria Parlamentar sobre a atual legislatura, 81 dos 594 parlamentares do Congresso Nacional são ruralistas, sendo 57 deputados e 24 senadores.[3] O órgão classifica como "ruralistas" os parlamentares alinhados a interesses e pleitos da bancada do boi, mesmo que não sejam proprietários rurais ou não exerçam atividades profissionais ligadas ao agronegócio.

O que se identifica hoje como "bancada ruralista" surgiu em meio à elaboração da nova Constituição em 1988, organizada como reação ao Plano Nacional de Reforma Agrária e à militância do Movimento dos Trabalhadores Rurais Sem Terra (MST), em alinhamento com a antiga União Democrática Ruralista (UDR).[4-5] A UDR foi, à época, uma importante organização de produtores e empresas envolvidas no agronegócio, pois vocalizou posicionamentos que, naquele momento, unificaram o setor.[6]

Em esforços contra a reforma agrária e as ocupações de terras por movimentos sociais, como o MST, atores centrais do agronegócio fizeram da atuação parlamentar um instrumento de defesa da propriedade e de outras demandas do setor.[7] Mas sua orientação conservadora durante a Constituinte não se limitava às questões relativas à terra. Nas deliberações e votações, representantes desse campo também foram contrários à expansão de direitos sociais e trabalhistas, assim como a outros processos de democratização, em especial à participação popular no processo legislativo.[8]

Ao longo dos trinta anos que nos separam da Constituinte, a bancada do boi se fortaleceu e se institucionalizou. A Frente Parlamentar Agropecuária (FPA), líder da agenda ruralista no Legislativo, foi registrada em 2005 com a assinatura de 341 parlamentares, sendo trezentos deputados e 41 senadores. Entre os objetivos dispostos no estatuto que orienta suas atividades estão o acompanhamento da política oficial de desenvolvimento da agropecuária nacional; a promoção de debates, simpósios, seminários e eventos pertinentes ao exame da política de desenvolvimento da agropecuária; a busca pelo aperfeiçoamento da legislação referente à agropecuária nacional, por meio de processo legislativo, a partir das comissões temáticas nas duas casas do Congresso; o apoio às instituições interessadas no desenvolvimento do agro junto aos Poderes, inclusive em questões orçamentárias, nos casos das entidades públicas; e a consolidação do posicionamento da cadeia produtiva do setor quanto aos assuntos em tramitação no Congresso Nacional.[9]

A relação entre ruralistas e Estado é complexa. Historicamente, elites rurais estiveram envolvidas em manifestações violentas, conservadoras e mesmo autoritárias da política nacional. Coronelismo,[10] mandonismo[11] e patrimonialismo,[12] conceitos conhecidos das ciências sociais brasileiras, são usados para definir a combinação do poder econômico manifesto na propriedade de largas extensões de terras com formas personalistas e violentas de dominação política.[13] Nas duas últimas décadas, com a redemocratização do país sob a Constituição de 1988, parlamentares ruralistas priorizaram a defesa da propriedade, ora denunciando a proteção estatal contra aquilo que julgam como violações de direitos, ora clamando por uma postura mais liberalizante do Estado, em defesa da livre iniciativa.[14]

Segundo Caio Pompeia, a configuração atual do campo ruralista é resultado de transformações na história recente. O setor atravessou uma "crescente convergência política", responsável por contribuir para seu fortalecimento a partir de 2010. Com base em uma ideia de "concertação" — "situação na qual agentes em oposição procuram racionalizar suas diferenças com vistas a encontrar consensos"[15] —, essa confluência política foi trabalhada em múltiplas dimensões entre instituições do campo e agentes do Estado. Esse processo deu origem a um pacto de economia política para expandir a posse privada de terras, incluindo as públicas. Por consequência, o agronegócio passou a investir em contestar os direitos territoriais de povos indígenas, populações tradicionais e camponesas, e em ações relacionadas a questões ambientais.

Durante os governos Lula e Dilma, o setor estreitou relações com o Poder Executivo de maneira heterogênea, uma vez que, apesar de projetar uma imagem uniforme, o agronegócio é formado por múltiplos protagonistas e tem divergências internas.[16] Nesse período, alguns setores do agro se beneficiaram da proximidade com governos liderados pelo PT. Uma parcela extremista, insatisfeita com os rumos da concertação política arquitetada nos anos 2010, percebendo-se marginalizada devido à perda de espaço no poder institucional, apostou em Bolsonaro como alternativa.[17] Essa percepção de marginalização remonta à década de 1990, quando a UDR — de perfil conservador e contrário a avanços dos movimentos sociais no campo — viu sua capacidade de representação do setor e a influência política exercida durante a Constituinte diminuírem.[18] No início de 2015, apesar da pouca força política, o então presidente da UDR, Nabhan Garcia,[19] figura importante do setor, apoiou o impeachment da presidenta Dilma Rousseff e, em 2017, a candidatura de Jair Bolsonaro à presidência. Na época, boa parte das entidades do agro — inclusive maiores e mais representativas que a UDR — ainda não enxergava Bolsonaro com bons olhos e preferia apoiar uma candidatura do PSDB.[20] Aos poucos a situação mudou: com amparo de organizações relevantes, Bolsonaro se fortaleceu entre as entidades do agro, articulando-se com figuras importantes do setor e franjas mais extremistas que, embora não hegemônicas, se reintegraram nas negociações com o governo, ganhando espaço com o avanço do bolsonarismo.[21]

Atento às divisões do "boi", Bolsonaro encampou em seu discurso de campanha questões caras às figuras descontentes com o direcionamento dado ao setor nos governos anteriores. Também fez promessas em relação a outras demandas sensíveis a esses agentes, como a não demarcação de terras indígenas, a diminuição da fiscalização e da punição de crimes e infrações ambientais e a criminalização de movimentos sociais. Ainda, propôs-se a facilitar o acesso a armas e munições no campo, fazendo mudanças na legislação de controle.[22]

Quando eleito presidente da República, levou adiante várias dessas pautas. Desmontou mecanismos de fiscalização ambiental, paralisou demarcações de terras indígenas[23] e extinguiu incentivos à reforma agrária,[24] "passando a boiada"[25] — conforme fala notória do então ministro do Meio Ambiente, Ricardo Salles, à época da pandemia de covid-19. Essas reformas foram realizadas por dispositivos infralegais e, portanto, independentes de aprovação do Legislativo, sob o argumento de servirem à modernização e ao desenvolvimento econômico do país.[26]

# Frentes de expansão e seus obstáculos

Um olhar para as articulações conservadoras ou reacionárias do campo ruralista permite um entendimento mais amplo do uso do direito em políticas e discursos mais recentes. Diante da pluralidade de pautas do setor, a literatura especializada no agronegócio e suas dinâmicas políticas serviu de ponto de partida para a seleção dos casos sob análise.[1] Destacam-se três eixos temáticos que permearam a articulação conservadora ou reacionária, tanto no Legislativo quanto no Executivo e no Judiciário. O primeiro eixo inclui disputas sobre meio ambiente, o segundo sobre trabalho escravo, e o terceiro sobre questões fundiárias, incluindo a demarcação de terras indígenas.

Nem sempre é claro o posicionamento político dos atores que se manifestam acerca de questões relacionadas aos temas do "boi". No Legislativo, no Judiciário e no Executivo, há aquelas articulações que compõem projetos evidentemente conservadores ou reacionários e há outras isoladas, pontuais, ou que se destacam por aprofundar teses já recorrentes. Observamos a argumentação de grandes e pequenas entidades de classe do agronegócio e de parlamentares ligados ao setor em casos-chave e analisamos seus aspectos mais conectados a posições conservadoras ou reacionárias. Entre os documentos sob análise, listados a seguir, estão propostas de alteração das leis sobre questões fundiárias, trabalho no campo e meio ambiente, manifestações levadas ao STF no caso do Marco Temporal e documentos elaborados por entidades — como a Confederação da Agricultura e Pecuária do Brasil (CNA) e Associação Brasileira do Agronegócio (Abag) —, com propostas para os presidenciáveis nas eleições de 2010, 2014 e 2018.

## Temas caros ao campo do "boi"
Casos e documentos selecionados para análise

**EIXO 1: MEIO AMBIENTE**
**Casos selecionados** Aprovação do PL nº 1.876/1999 (Novo Código Florestal)
**Documentos analisados** PL nº 1.876/1999; propostas para presidenciáveis (Abag e CNA)

**EIXO 2: TRABALHO ESCRAVO**
**Casos selecionados** Aprovação da EC nº 81/2014 (expropriação de propriedades em que foi identificado trabalho escravo)
**Documentos analisados** PEC nº 438/2001; propostas para presidenciáveis (Abag e CNA)

**EIXO 3: QUESTÕES FUNDIÁRIAS**
**Casos selecionados** Tentativas de limitação do processo de demarcação de terras indígenas
**Documentos analisados** PEC nº 215/2000; PEC nº 71/2011; PLP nº 227/2012; RE nº 1.017.365; propostas para presidenciáveis (Abag e CNA) e RE nº 1.017.365 (Marco Temporal)

...........................................................................

**Casos selecionados** Tentativas de limitação do processo de regularização fundiária na Amazônia Legal
**Documentos analisados** MP nº 458/2009; propostas para presidenciáveis (Abag e CNA)

## Eixo 1: A batalha pelo verde: meio ambiente

A aprovação do Código Florestal e a consequente flexibilização das normas ambientais são consideradas as principais conquistas de alguns atores do agronegócio.[2] A pauta também foi relevante para estabelecer convergências entre os diferentes setores do campo.

No momento da sua elaboração e aprovação, "se constituiu um núcleo político entre agentes privados e parlamentares cuja consolidação posterior implicaria extraordinárias mudanças na arena do agronegócio".[3] As tentativas de mudança da legislação anterior sobre o tema, elaborada em 1965, acumulavam-se desde pelo menos 1999, ano de apresentação do PL nº 1.876/1999, convertido em lei em 2012.

### Código Florestal (lei nº 12.651/2012)
Autoria, objetivos e trâmites

**Autoria** Câmara dos Deputados
Então deputado federal Sérgio Carvalho (PSDB-RO)
**Objetivos** Dispor sobre proteção de mata nativa, áreas de proteção permanente (APPs), áreas de reserva legal (ARLs), exploração florestal, suprimento de matéria-prima florestal, controle da origem dos produtos florestais e controle e prevenção dos incêndios florestais
Alterar as leis nº 6.938/1981, 9.605/1998, 9.393/1996 e 11.428/2006
Revogar as leis nº 4.771/1965 e 7.754/1989 e a MP nº 2.166-67/2001
**Trâmites** 2012: o PL nº 1.876/1999 foi convertido na lei ordinária nº 12.651/2012 (Código Florestal)

Conforme vemos a seguir, as principais disputas envolvendo o Novo Código Florestal giram em torno de definições sobre ARLs[4] — trecho que precisa ter sua biodiversidade preservada, com extensão que varia de acordo com o bioma encontrado nas propriedades — e APPs[5] — locais em que, para proteção do solo e de matas ciliares, há limites rígidos de exploração. Além disso, estavam em debate mecanismos de compensação ambiental[6] para proprietários que desmatassem áreas de Reserva Legal, bem como a possibilidade de anistia a donos de terrenos já em desacordo com normas ambientais.

## O Código Florestal em debate
Controvérsias e disputas que resultaram na lei nº 12.651/2012

**1999** PL 1.876 é proposto por Sérgio Carvalho (PSDB-RO).

**2008** Marina Silva (PT) renuncia ao cargo de chefe da pasta do Meio Ambiente, gerando, até 2012, "importante esvaziamento do peso político da agenda ambiental".[7]
Ao mesmo tempo, setores do agro se aproximam cada vez mais do governo federal.[8]

**2009** Comissão especial é criada pela Câmara dos Deputados para apreciar propostas de modificação do Código Florestal de 1965, entre elas o PL nº 1.876/1999. Tais articulações se localizam em momento político de intensificação da disputa sobre pautas ambientais,[9] uma vez que "o setor do agronegócio passou a buscar maior representatividade".[10]

**2010** Aldo Rebelo (PCdoB), relator do PL nº 1.876/1999, apresenta relatório à Câmara dos Deputados, defendendo produtores rurais e agricultores e se alinha com interesses do agronegócio.[11]
O contexto político ajuda a compreender a escolha do relator, que fora ministro das Relações Institucionais de Lula (2004-5). Rebelo será ainda ministro do Esporte (2011-15) e da Defesa (2015) no governo de Dilma.

O desenho legal apresentado por Rebelo enfrenta oposição do PV e PSOL na Câmara. Os deputados dessas legendas e também do PT sustentam que o projeto não avança na proteção ambiental e atende a interesses dos grandes produtores rurais.

Boa parte dos deputados e deputadas ligados ao governo federal defende a aprovação da legislação que, segundo eles, tem como objetivo proteger a agricultura familiar. Nesse bloco estavam, por exemplo, parlamentares do PCdoB e de outros partidos da esquerda ou centro-esquerda, como o PDT.

Sem fazer tantas menções à agricultura familiar, deputados de partidos de direita e centro-direita — como PSDB, PMDB, DEM e PP — também se mostram favoráveis à aprovação do projeto. Alguns adotam uma postura mais radical e se opõem à delimitação das ARLs nas propriedades, como Onyx Lorenzoni (então DEM).

**2011** O projeto é aprovado e segue para o Senado.

No Senado, o relator escolhido é o senador Jorge Viana (PT). Com a seleção de alguém mais próximo do movimento ambientalista, "o governo parece buscar compensar alguns dos excessos cometidos pelo relatório de Aldo Rebelo".[12] O Senado faz modificações no projeto, mas o texto mantém as principais regras defendidas pelos parlamentares próximos ao agronegócio. É devolvido, então, à Câmara dos Deputados, sob relatoria de Paulo Piau (PMDB).

**2012** O documento final é aprovado e encaminhado à Presidência da República. Dilma Rousseff veta doze dispositivos do texto.[13] Dentre eles, o que permite que todos os proprietários — independentemente da extensão de sua propriedade — sejam anistiados pelas ARLs desmatadas antes da aprovação da lei.

**2019-22** Durante a presidência de Bolsonaro, parlamentares alinhados ao então presidente apresentam propostas de alteração do Código Florestal, a fim, por exemplo, de diminuir ainda mais as APPs e anistiar o desmatamento nas ARLs.[14] Tais projetos, até o momento, não prosperaram.

## Eixo 2: Trabalho escravo

Parte central das disputas em que se engajaram atores do campo do "boi" se liga a direitos dos trabalhadores rurais. Em destaque, a PEC nº 438/2001 (PEC do Trabalho Escravo), transformada na EC nº 81/2014, que deu nova redação ao art. 243 da Constituição Federal e estabeleceu que terras nas quais tenha havido exploração de trabalho escravo seriam expropriadas. Esse acréscimo ao texto constitucional enfrentou oposição na Câmara e no Senado, sobretudo com o uso de argumentos em defesa do direito de propriedade e da segurança jurídica.

## PEC nº 438/2001
Autoria, objetivos e trâmites

**Autoria** Então senador Ademir Andrade (PSB-PA)
**Objetivos** Expropriar terras em caso de exploração de trabalho escravo
**Trâmites** 2014: Aprovada no Congresso e transformada na EC nº 81/2014

## Eixo 3: Questões fundiárias

O último eixo temático de casos do campo do "boi" se concentra em questões sobre regulação da propriedade fundiária. Duas frentes compõem as principais articulações analisadas na área: as tentativas de limitação do processo de regularização fundiária na Amazônia Legal e as tentativas de limitação do processo de demarcação de terras indígenas.

Para a primeira frente, destacamos a MP que discutia a regularização agrária na Amazônia Legal. A MP nº 458/2009, promulgada no segundo governo Lula, foi apelidada à época de MP da Grilagem por conta dos benefícios a atividades de expansão irregular de terras,[15] sendo posteriormente transformada na lei nº 11.952/2009. Com mais de duzentas propostas de emendas, concentrou diversas articulações sobre direitos relativos à propriedade rural.

## MP Nº 458/2009
Autoria, objetivos e desdobramentos

**Autoria** Presidência da República
**Objetivos** Transferir posse para pessoas jurídicas
Ampliar o direito de posse a quem não vive na terra, mas a explora com prepostos e empregados
Permitir a venda de imóveis de até quatrocentos hectares após três anos, e não dez

**Trâmites** As duas primeiras alterações foram objeto
de veto presidencial; a terceira foi mantida
**Emendas** Foi objeto de 249 propostas de emenda, para:
Alterar definições e datas
Permitir a regularização da ocupação e exploração indiretas
de proprietários que exercem cargo ou emprego público
e também de áreas possuídas por pessoa jurídica
Estender a gratuidade da alienação para imóveis maiores
Alterar as condições da vistoria e as disposições sobre a
possibilidade de o imóvel ser dado em garantia, sobre a reserva
legal e sobre o cumprimento da legislação ambiental
Excluir a concessão do direito real de uso
Restringir competências previstas para o Instituto Nacional
de Colonização e Reforma Agrária (Incra)

Quanto ao processo de demarcação de terras indígenas, décadas antes da eleição de Bolsonaro já corriam no Legislativo iniciativas que procuravam limitá-lo ou controlá-lo, sob a promessa de não demarcar "nenhum centímetro a mais".[16]

### PEC nº 215/2000, PEC nº 71/2011 e PLP nº 227/2012
Autoria, objetivos e trâmites

**PEC nº 215/2000**
**Autoria** Então deputado federal Amir Moraes de Sá (PPB-PR)
**Objetivos** Transformar tanto a aprovação de demarcação de
terras indígenas quanto a ratificação da demarcação de terra
homologada em competências do Congresso
**Ramificações** Junto a ela, onze projetos críticos ao processo
de demarcação foram apensados
Iniciativas semelhantes, como as PECs nº 257/2004, 275/2004 e
37/2007 seguem em tramitação, apensadas à PEC nº 156/2003

**Justificativas** Federalismo, separação de poderes, freios e contrapesos, segurança jurídica e inconsistência jurídico-política — devido à falta de manifestação do Congresso no processo de demarcação (FPA)
**Trâmites** 2023: arquivada

---

**PEC nº 71/2011**
**Autoria** Então senador Paulo Bauer (PSDB-SC)
**Objetivos** Indenizar possuidores de títulos dominiais em terras indígenas homologados a partir de 5 de outubro de 2013[17]
**Justificativas** "Assegurar aos atuais possuidores das áreas sob demarcação alguma espécie de indenização, sem, por outro lado desguarnecer os direitos dos indígenas à terra"
**Trâmites** 2015: aprovada no Senado
Desde então aguarda apreciação na Câmara

---

**PLP nº 227/2012**[18]
**Autoria** Então deputado federal Homero Pereira (PSD-MT)
**Objetivos** Indenizar possuidores de boa-fé nas desapropriações em terras indígenas
Estabelecer critérios e normas para demarcação
**Ramificações** Junto a ele estão apensados os PLPs nº 316/2013, 275/2019 e 69/2022
**Justificativas** Existência de conflito de direitos e necessidade de equilíbrio e pacificação
**Trâmites** Em tramitação. Aguarda criação de comissão temporária pela mesa

Após a decisão do STF em 2019, no RE nº 1.017.365, que fixou parâmetros para demarcação de terras indígenas, esse julgamento passou a ser ponto central do debate que se desenrola há anos no Legislativo e no Judiciário. As articulações sobre o tema começaram a tomar forma na década de 2000 e se intensificaram a partir de 2010.[19]

Dada a importância daquela ação judicial, diversas entidades ingressaram como *amici curiae* no processo. De um lado, as associações de defesa dos direitos humanos e dos povos indígenas alegam que estes têm o direito originário aos territórios ocupados tradicionalmente; de outro, associações vinculadas ao agronegócio e a sindicatos rurais reivindicam um marco temporal para o reconhecimento do território. Para estes, só poderiam ser demarcadas como terras indígenas as áreas ocupadas por povos indígenas — ou já em disputa judicial — no momento da promulgação da Constituição.

### O MARCO TEMPORAL
Os *amici curiae*: associações indigenistas e atores do "boi"

**ASSOCIAÇÕES DE POVOS INDÍGENAS, ENTIDADES INDIGENISTAS E DE DEFESA DOS DIREITOS HUMANOS**

Conselho Indigenista Missionário (Cimi); Organização pelo Direito Humano à Alimentação e à Nutrição Adequadas (Fian Brasil); Instituto Socioambiental (ISA); Indigenistas Associados (INA); Fundação Luterana de Diaconia (FLD); Conselho Indígena de Roraima (CIR); Coordenação das Organizações Indígenas da Amazônia Brasileira (Coiab); Movimento Unido dos Povos e Organizações Indígenas da Bahia (Mupoiba); Conselho do Povo Terena; Centro de Trabalho Indigenista (CTI); Comunidade Indígena Xukuru do Ororubá; Povo da Terra Indígena Passo Grande do Rio Forquilha; Povo da Terra Indígena Kandóia; Articulação dos Povos Indígenas do Brasil (Apib); Rede Sustentabilidade; Comissão Guarani Yvyrupa (CGY); Rede Eclesial Pan-Amazônica (Repam); Greenpeace Brasil; Associação Brasileira de Antropologia (ABA); Conferência Nacional dos Bispos do Brasil (CNBB); Associação do Indígena Krahô-Kanela Apoinkk; Povo Krahô Takaywrá; União das Aldeias Apinajé Pempxá, Povo Tapuia; Comunidade Indígena Apãnjekra Canela; Comunidade Indígena Memortumré Canela; Comunidade Indígena Akroá-Gamella; Povo Indígena Xavante da Terra Indígena Marãiwatsédé; Comunidade Indígena do Povo Xakriabá; Federação do Povo Huni Kui do Estado do Acre (FEPHAC), Nukun Hunikuinen Beya Xarabu; Tsumashun Ewawa; Associação

Juízes para a Democracia (AJD); Conselho Federal da Ordem dos Advogados do Brasil (CFOAB); Conselho Nacional de Direitos Humanos (CNDH)

**Posição** Contra a tese do Marco Temporal: argumentam que os povos indígenas têm um direito originário aos territórios que ocupam tradicionalmente

### ENTIDADES DE REPRESENTAÇÃO DO AGRONEGÓCIO E PRODUTORES RURAIS AUTORREPRESENTADOS

Confederação da Agricultura e Pecuária do Brasil (CNA); Associação Brasileira dos Produtores de Soja (Aprosoja); Sociedade Rural Brasileira (SRB); Sindicato Rural de Antônio João-MS; Organização Nacional de Garantia ao Direito de Propriedade (ONGDIP); Associação dos Criadores de Mato Grosso (Acrimat); Movimento de Defesa da Propriedade e Dignidade (DPD); Federação da Agricultura do Estado do Paraná; Sindicato Rural de Porto Seguro; Associação dos Pequenos Produtores Rurais da Gleba Porto Velho; Associação dos Produtores Rurais da Suia Missu; Associação dos Pequenos Agricultores Rurais do Projeto Paredão; Sindicato Rural de Bela Vista; Sindicato Rural de Itapetinga; Sindicato Rural de Aquidauana; Sindicato Rural de Amambai; Sindicato Rural de Terra Roxa; Sindicato Rural de Ponta Porã; Sindicato Rural de Porto Murtinho-MS; Sindicato Rural de Anastácio-MS; Sindicato Rural de Juti-MS; Sindicato Rural de Maracaju; Sindicato Rural de Miranda e Bodoquena; Associação Rural do Vale do Rio Miranda; Sindicato Rural de Abelardo Luz; Sindicato Rural de Itamaraju; Sindicato dos Produtores Rurais de Anaurilândia-MS; Sindicato Rural de Tacuru-MS; Federação da Agricultura e Pecuária do Estado da Bahia (Faeb); Federação da Agricultura do Estado do Rio Grande do Sul (Farsul)

**Posição** Em defesa da tese do Marco Temporal: argumentam em favor da tese que restringe tal direito ao estabelecer um Marco Temporal para o reconhecimento do território. Segundo tal posicionamento, só poderiam ser demarcados como terras indígenas aqueles territórios ocupados por povos indígenas — ou já em disputa judicial —no momento da promulgação da Constituição Federal, em 5 de outubro de 1988

## HISTÓRICO DO MARCO TEMPORAL

As movimentações que culminaram no julgamento do caso do Marco Temporal[20] começaram em 2009, com o julgamento do caso Raposa Serra do Sol[21]

**2009** STF julga a PET nº 3.388, que mantém a demarcação da terra indígena Raposa Serra do Sol, e conclui que a presença da população indígena na área em 1988 é fator importante para garantir sua demarcação. A questão envolve "participação de representações patronais, preocupadas com os desdobramentos do caso para outros estados".[22]

**2013** STF confirma que entendimento do caso Raposa Serra do Sol não vincula as demais disputas.

**2017** No governo Temer (MDB), a AGU determina que órgãos da administração federal devem aplicar os parâmetros colocados pelo STF para a terra indígena Raposa Serra do Sol, incluindo o Marco Temporal. Tal parecer e decisão são frequentemente invocados por defensores do Marco Temporal em declarações no RE nº 1.017.365.

**2020** STF suspende efeitos do documento da AGU até o fim do julgamento do caso.[23]

**2023** STF nega provimento ao RE, considerando a tese do Marco Temporal inconstitucional.

Congresso aprova lei que adota critério do Marco Temporal (lei nº 14.701/2023), que tem partes vetadas pelo presidente. Disputa vai novamente ao STF, com ações a favor e contra a constitucionalidade da lei.

Em setembro de 2023, o tribunal derrubou a tese do Marco Temporal, por considerá-la inconstitucional, julgando os pedidos do RE nº 1.017.365 improcedentes.[24] A decisão gerou repercussões no Congresso e no Executivo. Em rápida articulação, Câmara e Senado aprovaram projeto que adota o Marco Temporal como regra para a demarcação de terras indígenas.[25] Seguindo para sanção do presidente Luiz Inácio Lula da Silva, a lei nº 14.701/2023 teve alguns artigos, especialmente os que se referiam ao Marco Temporal, vetados.[26] Contudo, parte dos vetos foi derrubada pelo Congresso

Nacional, que promulgou a lei em dezembro de 2023.[27] Em reação a possíveis conflitos institucionais, PL, PP e Republicanos acionaram o STF pela ação declaratória de constitucionalidade (ADC) nº 87, solicitando ao tribunal que declarasse a validade da lei nº 14.701/2023 e, consequentemente, do Marco Temporal.[28] A Apib, o PSOL e a Rede Sustentabilidade também acionaram o STF, questionando a validade da lei.[29] Outros partidos de esquerda — PT, PCdoB e PV, assim como o PDT —foram igualmente ao STF para contestar a nova lei.[30] Todos esses processos ainda estão sob análise, sem data para julgamento.

# "A coluna vertebral do país": produtividade acima de tudo?

"Reconhecidamente o setor mais dinâmico e competitivo da economia brasileira" (CNA, *Plano de Trabalho 2018-2030*, 2018),[1] "o agronegócio brasileiro é um caso de sucesso" (Abag, *Proposta do agronegócio para o próximo presidente da República*, 2010).[2] Essa é a maneira como duas das maiores entidades veem o papel do setor. Afirmações desse tipo fundamentam as reivindicações contidas nas cartas aos presidenciáveis, elaboradas pela CNA e pela Abag a cada ciclo eleitoral e entregues aos candidatos ao Executivo nacional.[3] Essas afirmações também aparecem em manifestações sobre o Marco Temporal no STF, nos debates parlamentares do PL que originou o Novo Código Florestal[4] — e, ainda, nas discussões no Legislativo sobre projetos de regularização fundiária[5] e demarcação de terras indígenas.[6]

A ênfase na importância do campo, por seu papel fundamental na economia nacional, já que é responsável por uma larga fatia do PIB, pela geração de empregos e pela produção de alimentos, embasa a ideia de que o "agronegócio deve ser tratado como uma questão de Estado, não de governo" (Abag, 2010). Isso fundamenta várias pautas, que incluem reivindicações de medidas que flexibilizem a legislação de proteção ambiental, restrinjam demarcações de terras indígenas e possibilitem a regularização fundiária de grandes propriedades rurais na Amazônia Legal, para que o setor possa continuar a crescer.[7]

Descritas como discussões de "princípios" em algumas manifestações, questões ambientais e sociais seriam suplantadas pela importância do agronegócio para o desenvolvimento econômico do país. Por outro lado, tratar dessas questões pontuando os direitos ameaçados ou violados por um avanço irresponsável do agronegócio implicaria uma distorção dos "valores morais" (SRB, 2020).[8] De acordo com esse raciocínio, nenhum direito poderia concorrer em pé de igualdade com a importância "real" do agronegócio para o desenvolvimento do país.[9]

Discursos semelhantes a favor de relativizar restrições à produção rural podem ser encontrados em discussões sobre o Código Florestal, em que o agro é apresentado como a saída para os problemas econômicos e sociais do Brasil. Seria "o setor que dá mais certo [...], a coluna vertebral deste País que tem mostrado para o mundo que produz com competitividade, e, ao mesmo tempo [...] preserva o meio ambiente" (então deputado Ronaldo Caiado, DEM-GO, PL nº 1.876/1999, 2011).[10]

É evidente o apelo à noção de um "patrimônio nacional" em algumas manifestações. No debate sobre o marco temporal, o Novo Código Florestal e a MP sobre a regularização fundiária,[11] posicionamentos que remetem ao "patrimônio nacional", ao patriotismo e ao "desenvolvimento nacional"[12] surgem como forma de mostrar alinhamento com as necessidades nacionais. No caso do Código Florestal, medidas de proteção ambiental também são repelidas em nome da necessidade de proteger a agricultura nacional contra investidas externas. Do contrário, competidores estrangeiros estariam em vantagem, porque os produtores nacionais enfrentariam legislações restritivas e obsoletas, invasões e oposição de entidades ditas defensoras do meio ambiente e das comunidades tradicionais, que, na realidade, seriam veículos a serviço dos interesses de outras nações. Segundo uma manifestação exemplificativa desse apelo ao interesse nacional, "A grande meta dos produtores de arroz do Texas [...] era a de destruir os produtores gaúchos" — objetivo que, de acordo com a argumentação defendida, "inconscientemente ou conscientemente", alguns deputados estariam se prestando a defender ao pleitear medidas de proteção ambiental mais rigorosas (então deputado Nelson Marchezan Júnior, PSDB-RS, PL nº 1.876/1999, 2011).[13]

Nos debates sobre regularização fundiária, nota-se o apelo nacionalista em relação à Amazônia, visando estender a possibilidade de regularização a grandes proprietários de terras e empresas. "Quanto mais a Amazônia se universalizar [...] melhor será para sua defesa, para sua integração ao Brasil, e não como um destaque ecológico ou como um destaque de propriedade, de referência, de insumos ambientais para esta Nação" (então deputado Antônio Feijão, PSDB-AP, MP nº 458/2009, 2009).[14]

Referências a noções amplas de segurança jurídica também são frequentes. Nessa linha, legislações ambientais e trabalhistas "obsoletas" e "abstratas" seriam uma grande ameaça. Reivindica-se que "o agronegócio brasileiro precisa de segurança nas leis e paz" (CNA, *O que esperamos do próximo presidente, 2015-2018*, 2014).[15]

A preservação da segurança jurídica é também associada à manutenção da ordem social.[16] Nos debates sobre o Marco Temporal, um tom alarmista sugere que não adotar a tese como parâmetro para as demarcações de terras indígenas geraria insegurança jurídica e, por consequência, instabilidade social. Não só o agronegócio, mas todos os outros negócios ou atividades das regiões demarcadas estariam ameaçados. A "insegurança jurídica" decorrente de demarcações de terras indígenas seria um entrave para o crescimento econômico, por acarretar a "desconstituição de negócios jurídicos", como "contratos de arrendamento, parcerias" e transações que "envolvam necessidade de longo prazo, para retorno lucrativo", como "contrato de reflorestamento, instalação de plantas industriais vinculadas a atividade do agronegócio, tal como usinas de etanol, celulose, curtumes, etc." (Sindicato Rural de Campo Grande, 2021).[17]

O princípio da segurança jurídica é retomado inúmeras vezes para tratar da decisão do caso Raposa Serra do Sol, que previu a adoção do Marco Temporal como critério para determinar os limites daquele território, tendo estabelecido "robustas" e "claras" diretrizes para a demarcação de terras indígenas, contribuindo assim para a pacificação de conflitos no campo e a efetivação de direitos indígenas sem comprometer a segurança jurídica necessária para o crescimento do agronegócio.[18] A decisão teria sido um verdadeiro "bálsamo de segurança diante das incertezas que cercavam os processos de demarcação de terras indígenas" (Faeb, 2021).[19]

Esse raciocínio é levado ao extremo na afirmação de que "dar efeito retroativo à proteção possessória, em favor dos índios, importará, sem limite no tempo, no dever de devolução de todo o território brasileiro aos seus primitivos habitantes" (Aprovape, 2021).[20] Recorrendo à ideia de que a revisão do Marco Temporal implicaria "devolver" o país aos indígenas, algumas entidades ressaltam que a revisão ameaçaria não apenas extensas áreas rurais, mas também urbanas (Sindicato Rural de Campo Grande, 2021).[21]

Nos debates sobre a PEC que tratava da expropriação de terras onde há exploração de trabalho escravo,[22] a preocupação com a segurança jurídica também aparece. Os mecanismos usados para constatar esse tipo de exploração e a consequente desapropriação da propriedade estariam fora do "processo normal no Estado de direito" e, portanto, constituiriam uma espécie de "arbítrio" (então deputado Asdrúbal Bentes, PMDB-PA, PEC nº 438/2001, 2004).[23] Considera-se "uma verdadeira temeridade deixar que o patrimônio de cidadãos, sua honra e dignidade fiquem à mercê de julgamentos subjetivos de tecnocratas [...]. É uma verdadeira inversão da ordem jurídica" (Bentes, 2004).

As discussões sobre a demarcação de terras indígenas[24] também enfatizam constantemente os prejuízos econômicos decorrentes dessa pauta (Abrapa, Ampa e Iagro, 2021).[25] Nesse sentido, a PEC retirar do Executivo a competência para a demarcação, atribuindo-a ao Legislativo,[26] é um procedimento defendido sob a justificativa de que "as demarcações das terras indígenas têm culminado em perdas econômicas dos proprietários e posseiros, que, inesperadamente, deixam para trás uma história de vida e de trabalho", perdendo "todo o patrimônio construído durante anos de persistência na atividade agrícola e pastoril" (então deputado federal Osmar Serraglio, PMDB-PR, PEC nº 215/2000, 2015).[27]

Na mesma linha, a derrubada do Marco Temporal não teria "potencial benefício algum", pois "somente contempla a possibilidade de prejuízos — bastante significativos" (Sindicato Rural de Itamaraju, 2021).[28] Exemplo disso seria "a desvalorização imobiliária das áreas que potencialmente possam ser submetidas a esta ressignificação, além do encarecimento das linhas de crédito", o que inviabilizaria a atividade rural (Sindicato Rural de Campo Grande, 2021).[29]

Esses possíveis prejuízos desencadeariam "um efeito cascata" capaz de comprometer até mesmo a "manutenção das próprias áreas que viessem a ser declaradas indígenas" (Sindicato Rural de Ponta Porã, 2021).[30] Com isso, indígenas, produtores rurais, comunidade local e sociedade brasileira seriam arrastados pela elevação das "pretensões demarcatórias" e pela "nulidade de inúmeros títulos de propriedade, com perda da atividade econômica e moradia de produtores rurais" — tudo devido à revisão das diretrizes demarcatórias. O potencial lesivo seria tamanho que iria contra os "objetivos da República Federativa do Brasil, no art. 3º, II e III" (Sindicato Rural de Itambé, 2021).[31]

# Democracia, separação de poderes, pacto federativo e soberania popular

O ideal do Estado democrático de direito é um tópico comum na defesa enfática dos direitos à propriedade e à segurança jurídica, como se tivessem que ser mais garantidos ao agro do que a qualquer outro setor menos crucial. As figuras que fazem uso dessa retórica se apresentam como defensores da própria democracia e de seus fundamentos, batalhando para que as bases do regime democrático não sejam corroídas por decisões e políticas desarrazoadas.[1] Defesas do Marco Temporal se fazem em nome da segurança jurídica interpretada como um "princípio da máxima importância para o Estado democrático de direito" (Famasul, 2020)[2] e "direito fundamental" inviolável (SRB, 2020).[3] Ao lado da boa-fé na realização de negócios, da propriedade e da liberdade, a segurança jurídica é vista como um dos "esteios de sustentação do Estado de Direito" (Sindicato dos Produtores Rurais de Anaurilândia, 2021).[4]

A manutenção da segurança jurídica e do direito de propriedade como instrumentos para medir a "certeza dos atos praticados pelo Estado" seria necessária para a "concretização do princípio da legalidade, da boa-fé, da confiança, do Estado democrático de direito e da Justiça" (Sindicato Rural de Abelardo Luz, RE nº 1.017.365, 2021). Garantido por ambos os direitos, tal vínculo de confiança permitiria o desenvolvimento do "trabalho humano empreendedor nos trilhos da livre iniciativa", enquanto esse progresso seria o "fundamento da ordem econômica e da República Federativa do Brasil" (Sindicato Rural de Miranda e Bodoquena, 2021).[5] Assim, a segurança jurídica é valorizada não só em termos políticos, mas também econômicos. "A certeza e a previsibilidade [...] devem ser consideradas prioridades" (CNA, 2018).

A "estabilidade do Estado de direito" (Associação Rural do Vale do Rio Miranda, 2021)[6] é invocada ao lado de garantias como soberania popular, federalismo e separação de poderes.[7] A perda de estabilidade está entre os diversos riscos enxergados nas manifestações sobre a demarcação de terras indígenas fora dos limites do Marco Temporal. O regime jurídico da demarcação, elaborado por iniciativas do Executivo, teria sido, aliás, concebido à revelia do Poder Legislativo e, portanto, seria contrário ao princípio da soberania popular (Serraglio, 2015). O argumento seria amparado pela ideia de que a própria Constituição "afasta o Executivo de qualquer deliberação sobre recursos minerais e hídricos em reservas indígenas" e prevê que o Congresso deve ser ouvido nos casos de "remoção de grupos indígenas" (Serraglio, 2015). Sob essa premissa, a necessidade de que os estados-membros da federação sejam consultados é invocada para justificar mudanças no processo. A inclusão dos estados era uma das propostas da PEC nº 215/2000, atualmente arquivada, que visava justamente transferir para o Legislativo a competência de deliberar sobre a demarcação de terras indígenas. Nos debates sobre a proposição, considera-se o processo demarcatório uma intervenção indevida do Executivo federal nos estados-membros, cujos "interesses e situações concretas" seriam simplesmente desconsiderados (então deputado Amir Sá, PPB-PR, PEC nº 215/2000, 2000).[8] O respeito ao pacto federativo demandaria, portanto, arranjos distintos com o objetivo de "contribuir para o aprimoramento do Estado Federal, com a participação ativa da representação dos Estados-membros no Congresso Nacional, o Senado Federal" (Serraglio, 2015).

Em contraste com essa defesa enfática da participação do Legislativo e dos estados, já em 2021, nos debates sobre o Marco Temporal, algumas entidades do campo defenderam no STF a autonomia e a legitimidade do chefe do Executivo federal (à época Jair Bolsonaro) para rever a política de demarcação, inclusive de maneira contrária ao entendimento de uma agência administrativa ligada a esse poder, a Fundação Nacional do Índio (Funai).[9] Isso ocorreu porque a Funai pediu ao STF, no caso em discussão, que revise a tese do Marco Temporal.

A decisão anterior sobre o tema, proferida pelo STF no caso Raposa Serra do Sol, é considerada, diante do pedido de revisão, uma decisão louvável, que teria levado Judiciário, Legislativo e Executivo a trabalharem juntos para, "formalmente e oficialmente, incorporar em suas políticas públicas e legislações os termos do Estatuto Constitucional do Índio [*sic*]" (Faese, 2021).[10] Assim, partindo da decisão do STF, o Executivo teria condições de transformar as "linhas decisórias do Tribunal em orientação normativa para os órgãos da Administração Pública Federal" (Faese, 2021);[11] e o Legislativo também, "por entender que lá estava a melhor interpretação do art. 231 da CF e, dessa forma, haveria esperança de se apaziguar os ânimos no campo" (Faperon, 2021).[12] Reforçando essa retórica, mais uma vez são apontados riscos à harmonia entre os poderes e ao adequado funcionamento da República, uma vez que a revisão do Marco Temporal poderia comprometer a imagem do STF e do próprio Estado (CNA, 2020).[13]

Levando essa linha de raciocínio ao limite, um sindicato rural chega a afirmar que o Estado estaria se beneficiando de sua própria torpeza, em violação a um importante princípio jurídico, caso as diretrizes do Marco Temporal fossem revistas (Sindicato Rural de Amambaí, 2021).[14] A revisão serviria para "'tomar na mão grande' terras que [o próprio Estado] concedeu e até mesmo vendeu para a consecução de seus planos de integração territorial de outrora!" (Sindicato Rural de Amambaí, 2021).[15]

# Entre direitos e liberdades

## Direito à propriedade

Nas manifestações sobre o Marco Temporal, o direito à propriedade é equiparado ao direito à vida. Descrita como "direito perpétuo" (Sindicato dos Produtores Rurais de Anaurilândia, 2021)[1] e "direito humano" (Aprosoja, 2020),[2] a propriedade deveria ser assegurada pelo Estado a qualquer custo, dada sua extrema importância.

O direito à propriedade é apresentado ainda como "direito fundamental constitucionalmente garantido ao lado do direito à vida, à liberdade, à igualdade, à segurança" (Sindicato Rural de Abelardo Luz, 2021).[3] Em razão dessa salvaguarda constitucional, a "demarcação de terras indígenas [...] confronta com o direito de propriedade de todos os cidadãos brasileiros, direito este estabelecido pela Constituição Federal como Direito Fundamental de Primeira Geração" (Sindicato Rural de Bela Vista, 2021).[4] Além disso, rever o processo de demarcação de terras indígenas atingiria a "sociedade como um todo, em todas as suas dimensões", pois, a partir da expropriação dos proprietários rurais, todos os cidadãos poderiam perder suas propriedades, urbanas ou rurais (Sindicato Rural de Belmonte, 2021).[5]

A caracterização do direito à propriedade como direito fundamental reaparece nos debates sobre o Código Florestal para amparar a exclusão das ARLs do projeto. "A Reserva Legal é um absurdo, porque é confisco de propriedade!" (então deputado Onyx Lorenzoni, DEM-RS, PL nº 1.876/1999, 2011).[6] As expressões "subtrai", "rouba" e "sequestra" são empregadas para definir as consequências das reservas legais que supostamente existiriam apenas no Brasil. Outras manifestações relacionam o direito à propriedade ao potencial econômico, argumentando que o agronegócio contribuiria para a balança comercial brasileira e garantiria "empregabilidade".[7]

A PEC nº 438/2001 violaria também o "direito de herança" por não criar exceções ao confisco de propriedades em que foram encontrados trabalhadores em condição análoga à escravidão, comprometendo o direito dos herdeiros: "Devem eles responder pela perda total de seu direito hereditário, por um crime para o qual não concorreram? As propriedades seculares devem responder em toda a sua dimensão pela prática ilícita de quem na atualidade os administra?" (Bentes, 2004). Em caso de respostas positivas a essas perguntas, a situação se configuraria como violação de outra disposição do art. 5º da Constituição, "já que nenhuma pena passará da pessoa do condenado" (Bentes, 2004).

Nos debates sobre a PEC nº 438/2001 no Senado, o direito de propriedade é invocado em meio a uma denúncia mais ampla de inconstitucionalidade. Segundo o argumento desenvolvido, ao estabelecer o confisco de terras exploradas com trabalho escravo, a proposta atentaria contra princípios constitucionais, como o devido processo legal, o contraditório, a ampla defesa e a presunção de inocência: a "expropriação imediata como prevista na PEC" seria uma "violência inominável contra o direito de propriedade", principalmente "porque [é] tolhido o proprietário do exercício da ampla defesa, do contraditório e do devido processo legal". Isso não equivaleria a se posicionar contra medidas que buscam combater o trabalho escravo, seria apenas um apelo para a adequação das medidas às diretrizes constitucionais (Bentes, 2004).

### Legítima defesa legítima e ilegítima

A ameaça a diversos direitos fundamentais dos produtores rurais — a partir da revisão do Marco Temporal — poderia suscitar o recurso ao direito de legítima defesa (ONGDIP, 2020).[8] Tal como em manifestações ligadas à segurança pública,[9] a legítima defesa aparece aqui como um alerta — evidenciando, mais uma vez, a transversalidade do alarmismo em diversos núcleos argumentativos: o "acuamento por parte dos produtores rurais em razão do cerceamento de acesso ao Poder Judiciário" poderia "contribuir para a deflagração de reações, as quais, apesar de legítimas e amparadas na lei que garante o exercício da legítima defesa, podem tomar proporções desastrosas pela ausência do Estado" (ONGDIP, 2020).[10]

Estabelecendo limites do que são consideradas medidas "legítimas" na "luta pela terra" algumas manifestações analisadas definem como legítima apenas a defesa traçada sob o crivo do "devido processo legal", administrativo ou judicial. Sob essa perspectiva, as ações empreendidas por comunidades indígenas para reaver terras indígenas ocupadas por particulares seriam ilegais, e as reações violentas contra ações desses povos seriam exercício da legítima defesa (ONGDIP, 2020).[11]

## Proteção e direitos suficientes

Partindo do princípio de que os mecanismos de proteção ambiental e salvaguarda de direitos indígenas existentes já bastariam, as políticas públicas e alterações legislativas em favor de sua efetivação ou expansão são consideradas desnecessárias.

A ideia de que o Brasil é um país ambientalmente responsável e protege suas florestas perpassou articulações em favor de uma legislação ambiental mais flexível nos debates parlamentares sobre o Novo Código Florestal. Com o objetivo de mostrar que as restrições seriam excessivas, o país é apresentado como se fosse grande potência ambientalista: "Ao contrário dos Estados Unidos e da Europa, que jamais adotaram o conceito de Reserva Legal [...], o Brasil conservou de tal maneira que hoje, sozinho, é detentor de quase 30%, entre todas as nações, do que restou da cobertura vegetal original do planeta "(então deputado Aldo Rebelo, PCdoB-SP, PL nº 1.876/1999, 2010).[12]

Alegações dessa espécie se repetem no discurso de diversos parlamentares. A própria existência de ARLs seria uma restrição desmedida: "Embrenhamos pela legislação, a mais restritiva de todos os países. Nenhum país do mundo tem Reserva Legal; nenhum país do mundo tira 500 metros da beira de um rio. Não existe isso no mundo! Só no Brasil. Será que estamos certos sozinhos?"(então deputado Paulo Piau, PMDB-MG, PL nº 1.876/1999, 2011).[13] A Reserva Legal seria sinal de que o país já faria um trabalho positivo e suficiente de preservação ambiental. Mesmo com a mudança da lei, "as nossas APPs e as nossas matas ciliares continuarão sendo as mais extensas do mundo. Em boa parte do mundo elas não existem" (Rebelo, 2010). Seria desnecessário, portanto, investir em novos mecanismos, ampliando a proteção sobre o meio ambiente.

Há também argumentos nessa linha quanto à proteção de direitos dos povos indígenas. Algumas defesas da tese do marco temporal são feitas sem fazer frontal oposição a direitos indígenas, mas afirmando que tais direitos já são suficientemente garantidos e protegidos, sem a necessidade do que consideram ser uma expansão indevida. Dessa forma, expõem o que entendem por demarcações legítimas de terras indígenas. A Constituição e o direito originário são temas recorrentes nessas articulações. Afirma-se, por exemplo, que "a Constituição Federal de 1988 foi a pioneira na definição dos direitos dos índios como 'direitos originários' sobre as terras 'tradicionalmente' ocupadas por eles" (Aprovape, 2021).[14] Logo, "o marco jurídico dos direitos dos povos indígenas no Brasil está determinado pela Constituição Federal (CF) de 1988" (Aprovape, 2021).[15] De acordo com essa leitura, o "direito originário" inicia-se com a Constituição de 1988, fazendo da data o marco temporal para a demarcação de terras indígenas.

Partindo dessa premissa, posições divergentes são consideradas incompatíveis com a ordem constitucional. Algumas entidades argumentam haver, inclusive, disposições anteriores a 1988 que abraçariam o conceito de marco temporal: "a partir de 1934 todas as Cartas Constitucionais estabeleceram um marco temporal relacionado à ocupação indígena" (Sindicato Rural de Amambai, 2021)[16] e "sempre esteve evidente a ideia [necessidade] de ocupação [indígena] presente e constante" para o reconhecimento do direito à terra (Sindicato Rural de Amambai, 2021).[17]

Longe de ferir os direitos dos indígenas, a determinação do Marco Temporal respeitaria, assim, "os tratados e instrumentos de direito internacional", sendo compatível com os entendimentos fixados pela Corte Interamericana de Direitos Humanos (Sindicato Rural de Itamaraju, 2021).[18] Consequentemente, considera-se "necessária e indispensável a comprovação da ocupação tradicional da terra indígena (art. 231)", e que "o direito ao reconhecimento e demarcação deve ser limitado aos índios que comprovaram, à época da promulgação da CF, estarem ocupando, habitando e utilizando a pretensa terra indígena" (Farsul, 2021).[19]

Também são constantemente reforçadas como essenciais para demarcação a "persistência e constância, na data da promulgação [da Constituição]" (Associação dos Produtores do Vale do Rio do Sangue, 2021).[20] Juntas, essas e outras exigências conformariam o sentido de posse tradicional. Sendo assim, os territórios tradicionais indígenas seriam aqueles "ocupad[o]s por povos indígenas em 5 de outubro de 1988 e apenas estas terras podem ser demarcadas como pertencentes às comunidades originárias" (Sindicato Rural de Aral Moreira, 2021).[21] Nesse contexto, a expressão "tradicionalmente" é preenchida com sentidos que, apesar de variáveis, buscam limitar a demarcação de terras indígenas. O termo enfatizaria "a necessidade de que a ocupação tenha como característica a habitualidade" (Sindicato Rural de Amambai, 2021).[22]

Diversos sindicatos, associações e particulares compartilham da compreensão de que "tradicionalmente", no texto constitucional, equivaleria a permanentemente. De acordo com essa lógica, a ideia de tradicionalidade da posse é invocada pelos atores do agronegócio para afastar a noção de posse imemorial, ou seja, de um tipo de posse que se baseia no vínculo tradicional de um povo com a terra, e não necessariamente na ocupação contínua no tempo. As entidades do setor alegam que a jurisprudência repele essa noção.[23]

Com esses argumentos, reforça-se a ideia de que os mecanismos de proteção e promoção dos direitos indígenas são suficientes. Para diversas entidades, o Estado brasileiro já cumpriria suas obrigações nessa área, porque "as políticas públicas voltadas à garantia dos direitos sociais e da dignidade da pessoa humana dos indígenas não estão vinculadas à demarcação de terras" (ONGDIP, 2020),[24] além de o Brasil ter um "conjunto robusto e consistente da legislação indigenista", em "demonstração cabal de que há claro respeito e dedicação quando se trata de garantir o direito dos índios" (CNA, 2020).[25]

Críticas ao volume e à extensão das terras indígenas já demarcadas são feitas nessa mesma lógica da suficiência. Essas críticas ocorrem tanto no Legislativo quanto no Judiciário. Na figura de *amici curiae*, ruralistas comparam "a quantidade de índios e as terras que já foram a eles dedicadas" à quantidade de demarcações, afirmando que não há omissão do Estado (CNA, 2020).[26] No Congresso, afirma-se que "as áreas destinadas aos indígenas, muitas vezes, ultrapassam o tamanho de municípios que acolhem população centenas de vezes maior que a população indígena habitante da reserva" (então deputado Homero Pereira, PSD-MT, PLP nº 227/2012, 2012).[27]

Algumas associações afirmam que, na realidade, a política indigenista prevista na Constituição já teria se esgotado e, portanto, necessitaria de uma revisão: "Ultrapassados 30 (trinta) anos de vigência da Constituição de 1988", teria "chegado o tempo de considerar que a política de demarcação de terras se aproxima rapidamente de sua exaustão e esgotamento" (Associação dos Pequenos Produtores Rurais do Assentamento Terra Nova, 2021).[28]

Por fim, a existência de diversas políticas de proteção e promoção de direitos indígenas, cuja efetivação não se limita à garantia dos direitos territoriais, é também lembrada para reiterar que a política de demarcação de terras é suficiente. Apesar de reconhecerem que a "terra é elemento essencial dos direitos e das prerrogativas constitucionais assegurados aos índios", associações do campo pontuam que "esse aspecto não pode se transformar em sanha fundiária sem limites", que "permite ignorar outros aspectos fundamentais da vida das comunidades indígenas que demandariam investimentos em políticas públicas sérias e dedicadas" (Associação dos Pequenos Produtores Rurais do Assentamento Terra Nova, 2021).[29]

Assim como os mecanismos de proteção ambiental e efetivação de direitos indígenas já seriam suficientes, os instrumentos de proteção ao trabalhador também o seriam, e medidas para evitar e punir condições de trabalho análogas à escravidão seriam muitas vezes equivocadas. Nas discussões sobre a PEC nº 438/2001 no Senado, a preocupação com as supostas amplitude e imprecisão do conceito de trabalho escravo, bem como a preocupação com a possível banalização do instituto, são frequentes nos argumentos contrários à proposta.

"A simples dificuldade de acesso do trabalhador aos locais de trabalho, a inexistência de melhores condições de habitabilidade, [...] as estradas precárias" e outras adversidades "não podem configurar trabalho escravo." O motivo para tanto seria que essas características "são inerentes" à produção no campo "e decorrem, quase sempre, da ausência do Estado". Segundo essa percepção, o "atraso no pagamento de salários e não assinatura da carteira do trabalhador" não passariam de "conflitos normais das relações entre capital x trabalho, que ocorrem tanto no campo como nas cidades" (Bentes, 2004).

Essa consideração ecoa fora do Legislativo: aprovada a PEC nº 438/2001, o setor passaria a se preocupar com a chamada "lista suja", cadastro de empregadores que tenham submetido trabalhadores a condições análogas à escravidão, elaborada e divulgada pelo Ministério do Trabalho e Emprego. Nesse sentido, a CNA defende a revogação da instrução normativa que instituiu tal lista, alegando que seria necessário "reformular o processo de empregadores na lista suja para garantir a ampla defesa e evitar que meras irregularidades trabalhistas sejam confundidas com a prática de trabalho escravo" (CNA, *O que esperamos do próximo presidente 2015-2018*, 2014).

# "Verdadeiras vítimas" e seus inimigos

Nos documentos analisados, o agricultor brasileiro aparece como protagonista do desenvolvimento econômico e social, trabalhador pacífico e de boa-fé que investiu seu tempo, seus sonhos e sua força em uma terra.[1] "Demonizado", sofreria prejuízos e seria "vítima" de um sistema de imposição de multas ambientais, de regularização fundiária, das leis trabalhistas e da demarcação de terras indígenas.[2]

Para aprovar a modificação proposta pelo Novo Código Florestal e demonstrar que os produtores rurais seriam lesados por uma legislação ambiental muito restritiva, eles são apresentados como sujeitos das "mãos rachadas, o rosto bronzeado, o pé trincado de ser colocado na lama, no barro; aqueles que levam o nosso arroz, o nosso feijão, a nossa carne até a mão dos nossos irmãos brasileiros" (Marchezan Junior, 2011). Ainda, os produtores rurais seriam "guardiões de cultura", "tesouros da formação social brasileira", como a música e a culinária, parte da "memória coletiva" do país, e, ao mesmo tempo, vítimas das fiscalizações ambientais injustas (Rebelo, 2010).

Nas disputas sobre o Marco Temporal, a caracterização se estende à propriedade, sinônimo de "trabalho árduo, investimento e sonhos" (Associação dos Produtores Rurais de Buerarema, 2021).[3] Em suas terras, ruralistas exerceriam seus direitos de proprietários e possuidores pacificamente, embalados pela boa-fé: "[o]s livros de história não dão conta de qualquer conflito entre indígenas e produtores rurais", que teriam ocupado o Cone Sul do estado do Mato Grosso do Sul "de forma absolutamente pacífica" (Famasul, 2020).[4]

Essa lógica é combinada à descrição da "realidade" da vida no campo. Os produtores rurais seriam "as maiores vítimas" da "tortuosa política pública" de demarcação de terras indígenas, a qual geraria "receio e ansiedade" em muitos, preocupados em serem "os desempossados da vez" (Sindicato Rural de Ilhéus, 2021). Parte dessa "realidade, dura e cruel", decorreria da ausência de indenizações por desapropriação para demarcação de terras indígenas (Famasul, 2020).

Terras que seriam "legitimamente adquiridas e exploradas de forma igualmente legítima por vários anos" (Feap, 2021) não seriam indenizadas adequadamente, levando muitos produtores a serem "despojados de suas propriedades — e, por conseguinte, da própria capacidade de subsistir — sem o resguardo, sequer, do devido processo legal administrativo" (Sindicato Rural de Ilhéus, 2021).[5]

Um léxico religioso também permeia alguns discursos, comparando, por exemplo, o "cidadão" a um "cordeiro": "Será razoável exigir-se de um cidadão que, como um cordeiro, concorde com que seja-lhe retirado tudo o que possui? [...] será cristão abordar-se famílias de agricultores e lhes determinar que desalojem suas moradias, adquiridas segundo as regras de direito sob o manto do princípio da aparência de legalidade, e caminhem para o olho da rua?" (Serraglio, 2015).

Além de serem pacíficos e vítimas do sistema de multas ambientais, do Estado que protege os direitos dos povos indígenas, de ONGs e até da mídia, esses trabalhadores seriam "sempre demonizados, considerados, a princípio, como invasores e malfeitores, sempre prontos a esbulhar e abusar por meio da violência no campo" (CNA, 2020).[6]

Em contraste, diversas manifestações sobre o Marco Temporal associam condutas de indígenas ao conflito e à desordem social. A disputa sobre demarcação de terras indígenas é diretamente relacionada a condutas criminosas: "invasão, tomada da posse na força, esbulho, conflito, violência, são condutas reprováveis, ilegais, criminosas, uma vez que expressamente tipificadas no Código Penal" (ONGDIP, 2020). Em outros momentos, sustenta-se que não adotar o Marco Temporal significaria levar em frente uma política de "favorecimento racial" (Sindicato Rural de Amambai, 2021). O argumento cria uma oposição entre os direitos de indígenas e não indígenas, ao dizer que a defesa dos territórios do primeiro grupo se faria "às custas da desgraça e destruição do modo de vida de milhões de brasileiros que vivem no campo e retiram seu sustento do campo há gerações" (Sindicato Rural de Amambai, 2021).[7]

Na mesma linha, a Funai e a ABA são criticadas e descredibilizadas. A primeira é apresentada como "um órgão raso, parcial, militante, incapaz de entender e mediar a complexidade das disputas fundiárias no País que envolvem as comunidades indígenas" (Associação de Pequenos Agricultores de Ilhéus, Una e Buerarema, 2021).

Além disso, a fundação desenvolveria uma "rasteira política ideológica" (Associação de Pequenos Agricultores de Ilhéus, Una e Buerarema, 2021). Portanto, seria necessário "reestruturar a Funai, alterando suas competências e criando órgãos colegiados [...] com assessoramento por equipes técnicas multidisciplinares e isentas de ideologia" (CNA, 2018). Já a ABA é descrita como "entidade renomada, com um brilhante trabalho internacionalmente reconhecido", mas "que nem por isso está 'acima de qualquer suspeita'".[8]

Nas disputas sobre a demarcação de terras, fala-se em um contexto de conflito permanente. Ruralistas alegam que "atores externos ao universo jurídico e policial" estariam contribuindo para que a "realidade criminal no campo" fosse ocultada (CNA, 2018). Essa ideia se assemelha a declarações endereçadas ao STF que expõem um "estado de coisas extremamente belicoso" incentivado por "entidades governamentais" e por "comunidades — pretensamente — indígenas" (Associação dos Produtores Rurais de Buerarema, 2021).[9]

As ONGs de proteção dos direitos indígenas, segundo algumas manifestações, seriam guiadas pela ideologia numa atuação "coordenada" no STF, o que comprometeria o andamento do caso do Marco Temporal. Sem substância jurídica, não passariam de "defesas inspiradas em concepções românticas e ideológicas" (Aprovape, 2021),[10] pautadas em "concepção arbitrária de valores morais" (SRB, 2020).[11]

Nas discussões sobre o Código Florestal, ONGs ambientalistas, especialmente as estrangeiras, são apontadas como antagonistas dos agricultores. Os obstáculos que a atuação desses organismos acarretariam não seriam percebidos pelo "homem urbano", que teria "desprezo" pelos produtores e "sua labuta" (Rebelo, 2010). Esse discurso é reproduzido por diferentes deputados em plenário na discussão sobre a aprovação da lei. Típico desse grupo, o "ambientaloide" seria um sujeito com "mão fina", "bem penteado, que usa sapatos bonitos", que cresceu "em apartamento com carpete aveludado" e "se julga superior aos outros". Esse sujeito, que não teria "nada a ver com ambientalistas, absolutamente nada", "nunca viu um pé de milho, nunca soube o que é um pé de mandioca", estaria "vendendo o Brasil" para potências estrangeiras "por meio do discurso verde" (então deputado Alceu Moreira, PMDB-RS, PL nº 1.876/1999, 2011).

Aqui a acusação de atuação ideológica se repete. Por exemplo: "conteúdo ideológico no debate ambiental" já estaria expresso "em 1992, no livro *A Terra em balanço* do ex-vice-presidente dos Estados Unidos Al Gore" (Rebelo, 2010). Nesses discursos, de um lado são colocados os deputados "ideológicos que não conhecem a realidade [...] político-partidarizados"; e, em oposição, figuraria "a grande maioria, do lado dos nossos produtores e da nossa soberania nacional" (Marchezan Júnior, 2011).

Para a CNA, no debate sobre o Marco Temporal, ONGs e ambientalistas teriam se apropriado levianamente do termo "direitos humanos" e assim ofuscado os argumentos de proprietários e agricultores, "firmemente ancorados em direitos fundamentais". A associação da defesa dos direitos humanos somente com as entidades pró-direitos indígenas não estaria correta: haveria uma "tentativa evidente de apropriação do termo [direitos humanos]", uma "lamentável tentativa de deformação na percepção do problema jurídico" (CNA, 2020).[12]

# Realidade e ideologia

Entidades e parlamentares debatem sobre meio ambiente, regularização fundiária e trabalho escravo posicionando-se como figuras atentas aos "reais problemas" do país e às distinções entre campo e cidade. Em referência ao sociólogo e jurista conservador brasileiro Oliveira Vianna, por exemplo, o então deputado Aldo Rebelo considera que o país se expandiu, em seu processo de formação, como um "organismo social, ralo e superficial, por extensões que não podiam ser alcançadas pelo organismo político, sem capacidade de irradiação" (Rebelo, 2010). Seria imprescindível, portanto, considerar essas características na elaboração de normas de proteção ambiental, regularização fundiária, demarcação de terras indígenas e combate ao trabalho escravo.

Pontua-se que "ciência" e "realidade" deveriam embasar as questões ambientais, o que não estaria ocorrendo, sobretudo quanto ao licenciamento ambiental. As duras regras e a morosidade do processo fariam com que "a submissão das atividades agropecuárias ao licenciamento ambiental formal" fosse de "difícil ou impossível cumprimento, tanto pelos produtores rurais quanto pela própria administração pública". A situação demandaria "a aplicação de uma regra possível de ser implementada, dentro de uma dinâmica que, além do comando e controle, privilegia a gestão ambiental" (CNA, 2018).

De maneira análoga, o compromisso com a sustentabilidade deveria se submeter à "realidade do país". "A busca da sustentabilidade deve sempre considerar as particularidades de quem a pratica e de onde é feita", porque não existiria uma "receita única" para ela, e os "desafios ambientais do setor agropecuário brasileiro", particulares à realidade do país, deveriam ser considerados. "Deve-se promover o desenvolvimento sustentável aliado à competitividade" (CNA, 2018).

Essa invocação da realidade aparece também nas discussões parlamentares sobre regulação fundiária na Amazônia Legal, em favor da MP da Grilagem.[1] A oposição à pauta é retratada como "apaixonada, romântica", bonita de se discutir "no gabinete, com ar-condicionado". Para além do romantismo, o verdadeiro desafio seria considerar a realidade da região afetada pela regulamentação: "vão ver como vive o amazônida, o ribeirinho, no Estreito de Breves, onde é preciso esperar o navio passar para poder jogar uma corda e vender um litro de açaí ou uma mão de camarão, para levar o sustento para casa. [...] Cobrar dessas pessoas agora?" (então deputado Márcio Junqueira, DEM-RR, MP nº 458/2009, 2009).

Seguindo a mesma lógica, racionalidade e objetividade são invocadas quando se trata do uso de agrotóxicos. Propõe-se a criação de um "colegiado técnico para reduzir a ingerência ideológica nas análises e para acelerar a conclusão dos processos", uma vez que "as análises de novos defensivos precisam ser feitas a partir de critérios claros e fundamentados" (CNA, 2014).

Assim como na esfera da legislação ambiental, também as leis trabalhistas deveriam ser adequadas à "realidade do campo". Defende-se que muitas das normas dessa legislação não fariam sentido no ambiente de trabalho rural. Pensadas para os centros urbanos, gerariam mais prejuízos do que benefícios. Por isso, a legislação atual tornaria "o produtor rural vulnerável perante a lei e a fiscalização" (CNA, 2018).

# As direções do "boi"

Desenvolvimento econômico, crescimento e progresso são sinônimos de agronegócio, segundo os agentes do setor. Ao lado de sua imagem como sustentáculo da economia nacional, os atores analisados constroem o agronegócio como apartidário e realista. Posicionando-se como figuras atentas aos reais problemas do país e às distinções entre campo e cidade, entidades e parlamentares ligados ao setor repelem mudanças que consideram incompatíveis com a "realidade nacional".

Na defesa do Marco Temporal, nos debates do Novo Código Florestal e nas manifestações sobre a MP da Grilagem,[1] os posicionamentos remetem ao "interesse nacional", ao patriotismo e ao "desenvolvimento nacional" — pontos recorrentes na história do conservadorismo no Brasil.[2] Políticas contrárias aos interesses do agro para o desenvolvimento são acompanhadas de um alerta para pautas sensíveis, como desemprego e potenciais prejuízos socioeconômicos.

Nos documentos analisados, a ideia de que o agronegócio funciona como o motor econômico do país legitima a proteção de seus interesses. Como detalhado por Caio Pompeia,[3] a incidência política do setor cresce a partir de um movimento de concertação política, estruturado na década de 2010, que combina a convergência entre agentes internos do agro e entre o setor e o Estado. Para continuar a crescer, seria preciso abrir caminhos, com medidas que flexibilizam a legislação ambiental, restringem demarcações de terras indígenas e possibilitam a regularização fundiária de grandes propriedades rurais na Amazônia Legal.

Nesse cenário, em que o agronegócio é apresentado como necessário para o desenvolvimento econômico do país, os produtores rurais ganham centralidade. Seus direitos são vistos como direitos fundamentais para a manutenção do Estado democrático de direito. À previsível defesa da propriedade, central para o campo, como ressaltado por Regina Bruno,[4] somam-se concepções de segurança jurídica, em combinação com a legítima defesa. A "estabilidade do Estado de direito" é defendida com base na soberania popular, no federalismo e na separação de poderes. As figuras do "boi" que fazem uso dessa retórica, que articula um sentido restrito de Estado democrático de direito adequado aos interesses do setor, se portam como defensoras da democracia e de seus fundamentos, batalhando para que as bases do regime democrático não sejam "corroídas" por decisões e políticas ditas desarrazoadas — como a revisão da tese do Marco Temporal, o incremento da legislação de proteção ambiental e as medidas de combate ao trabalho escravo.

Se, por um lado, os atores do campo posicionam-se como impulsionadores do desenvolvimento econômico do país, defendendo posições supostamente partidárias do progresso, por outro, opõem-se a mudanças rumo à democratização do acesso à terra, à efetivação e proteção de direitos indígenas, ao combate à formas degradantes de trabalho e ao fortalecimento da proteção ambiental. Quando confrontados com mudanças dessa espécie, os atores afirmam que as estruturas dessas áreas já são suficientes. Ao defender a manutenção do status quo, alegam que esse tipo de mudança pode atrapalhar o desenvolvimento econômico e desestabilizar a ordem social.

Assim, com um discurso de modernização na produção e na economia, o agronegócio faz frente à mudança social em nome da manutenção da ordem. Argumentos desse tipo evidenciam uma grande semelhança desse discurso com o que a literatura identifica como ideologias conservadoras e reacionárias. Entre a recusa às transformações e o ímpeto de realizar uma contrarrevolução — para desfazer alterações nos arranjos sociais, políticos, econômicos e culturais —, reside a tentativa de controlar a velocidade e a forma dessas mudanças. As duas primeiras atitudes caracterizam o reacionarismo; a última é própria do conservadorismo.[5]

Nos documentos analisados, prevalece a ideia de que o Estado deve, antes de tudo, respeitar a propriedade privada e atuar contra povos indígenas e movimentos ambientalistas a fim de preservar a liberdade do agronegócio. Assim, na onda conservadora do "boi", a aliança com o neoliberalismo parece se estreitar. Nesse ponto, constrói-se um conjunto de significações que apontam para o esvaziamento dos sentidos sociais do Estado.[6]

Do lado do progresso, o agricultor é visto como protagonista do desenvolvimento econômico e social brasileiro, e como vítima de um sistema de imposição de multas ambientais, de regularização fundiária, de leis trabalhistas e de demarcação de terras indígenas. Essas injustiças, segundo as manifestações analisadas, desenrolam-se no espaço conflituoso, inseguro e violento do campo. São discursos que associam as medidas de regularização fundiária, demarcação de terras indígenas e implementação e fiscalização ambiental ao agravamento da desordem na qual as zonas rurais brasileiras se encontram.

Já a mídia, as ONGs e entidades ligadas à proteção ambiental e à efetivação dos direitos indígenas aparecem como antagonistas do agronegócio e do progresso do país, movidas por interesses escusos e descompromissados com o desenvolvimento nacional. De diferentes formas, agentes que se contrapõem aos interesses do campo são retratados como grupos alinhados a interesses estrangeiros, que tentariam impedir o progresso econômico brasileiro por meio da pressão por legislações ambientais mais restritivas. Ao apresentarem seus posicionamentos sobre essas entidades, atores vinculados ao agronegócio descredibilizam suas posturas e descartam suas visões e articulações por serem "ideológicas".

# A lei da Bíblia

# Uma onda no campo moral e religioso

Ao lado da bancada ruralista, a bancada evangélica é uma das mais antigas do Congresso Nacional. Sua origem remonta à Assembleia Nacional Constituinte de 1986,[1] momento em que o temor de que a nova Constituição privilegiasse a Igreja Católica e encampasse pautas como a legalização do aborto e das drogas, os direitos da população LGBTQIA+ e as demandas "feministas" e "comunistas"[2] uniu parlamentares de diferentes partidos.

Apesar de a bancada evangélica existir desde a redemocratização enquanto organização suprapartidária informal, a Frente Parlamentar Evangélica (FPE), apelidada de "bancada da Bíblia", foi oficializada apenas em 2003, na 52ª Legislatura (2003-06), para congregar parlamentares evangélicos em um culto semanal, espaço que também serviria para a mobilização estratégica do grupo.[3] Como os colegas da década de 1980, os parlamentares que organizaram a FPE temiam que o prestígio e a tradição da Igreja Católica garantissem à instituição privilégios entre os parlamentares. Além disso, receavam que o rumo dos debates relacionados ao aborto, aos direitos da população LGBTQIA+ e ao uso de células-tronco em pesquisas representassem ameaças morais à sociedade brasileira.[4]

É assim que, entre os objetivos da frente à época de sua fundação, estava sobretudo a defesa da família, da moral e dos bons costumes.[5] Na atual legislatura, nos termos de seu estatuto,[6] a FPE tem como finalidade a promoção, defesa e articulação política das bandeiras evangélicas no Congresso Nacional.

Atualmente, a oposição a direitos sexuais e reprodutivos une grupos evangélicos e católicos. No Congresso, a Frente Parlamentar Católica Apostólica Romana[7] faz coro à FPE na resistência a projetos que buscam resguardar o direito ao aborto legal, ou descriminalizar a prática. Parlamentares de ambas as frentes defendem o direito à vida desde a concepção e procuram combater o que compreendem como "ideologia de gênero", interditando iniciativas das agendas de igualdade de gênero e diversidade sexual.[8]

O número de representantes evangélicos no Parlamento saltou desde a Assembleia Constituinte, assim como o envolvimento, nas diversas esferas de poder, de lideranças e atores vinculados ao segmento religioso.[9] No campo católico, o envolvimento da Igreja em questões políticas é histórico e muito anterior a 1988. A experiência política brasileira foi atravessada pela presença da Igreja Católica como religião oficial durante o Império. Apenas com a Proclamação da República, mais de meio século após a constituição do Brasil como país independente, Igreja e Estado separaram-se.

No novo regime, a Igreja Católica seguiu fazendo-se presente em questões políticas, sobretudo na ditadura militar.[10] Durante a redemocratização, entre pautas progressistas e conservadoras, continuou sendo ator importante na política brasileira. Tomou parte na defesa da reforma agrária, com respeito à função social da propriedade privada, e dos direitos de crianças e adolescentes, também compondo uma bancada na Assembleia Constituinte. Assim como os evangélicos, posicionou-se preponderantemente contra o aborto. A proibição da eutanásia e da tortura, a adoção do ensino religioso em escolas públicas e a primazia do trabalho sobre o capital estiveram entre as pautas defendidas pelos católicos.[11]

Nas últimas décadas, o ativismo cristão contra direitos sexuais e reprodutivos e demandas por igualdade de gênero se consolidou e ganhou escala não só no Brasil, como em outros países do mundo.[12] A onda conservadora ou reacionária no campo moral e religioso tem se espraiado pela América Latina e por outras partes do globo, utilizando o repertório dos direitos fundamentais para defender suas agendas. Muitas vezes essas articulações apresentam conteúdos antipluralistas e mesmo antidemocráticos.[13]

Coalizões congregam forças conservadoras e reacionárias de caráter religioso com diferentes trajetórias de aproximação com a política. Nenhum grupo religioso se reduz à sua parcela conservadora ou reacionária. Isso se aplica a católicos e evangélicos no Brasil. Diverso, o campo evangélico abarca grupos que defendem pautas progressistas[14] e, mesmo no interior do próprio conservadorismo evangélico, há variações significativas.[15] Entre os católicos, apesar das ligações históricas de determinados grupos com o conservadorismo ou o reacionarismo, há também uma expressiva e antiga participação institucional e pessoal de integrantes na construção de políticas sociais progressistas.[16]

Uma conjunção "moralmente reguladora" — que conduz uma "disputa pela moralidade pública para maior controle dos corpos, dos comportamentos e dos vínculos primários"[17] —, identificada com crenças religiosas conservadoras é, no entanto, uma das principais "linhas de força"[18] que atravessam o Brasil nos últimos anos. Dentro dessa onda, grupos conservadores e reacionários vinculados às religiões cristãs têm buscado influenciar o nível de intervenção estatal nesses temas, que vão desde os direitos reprodutivos das mulheres e direitos das pessoas LGBTQIA+ até o uso de drogas e as políticas de educação. Segundo Ronaldo de Almeida, se, por um lado, esses grupos atuam para tentar restringir os "avanços do secularismo nos comportamentos e nos valores",[19] por outro, suas ações não são somente reativas: há também um esforço ativo de reorientar a atividade estatal, a fim de inscrever uma moralidade religiosa no âmbito institucional e legal. Ricardo Mariano e Lilian Sales identificam o mesmo movimento, cujo propósito estaria em "inserir crenças e valores religiosos na normatividade jurídica, nas políticas públicas, nas escolas".[20]

Central nessa empreitada, o direito ganha destaque entre as estratégias adotadas. Flávia Biroli, Maria das Dores Campos Machado e Juan Marco Vaggione falam em "juridificação reativa" para explicar a movimentação dos grupos conservadores religiosos e aliados laicos, identificando como esses sujeitos têm se valido de um aparato jurídico como "estratégia e arena" de enfrentamento daquilo que consideram ofensivo às noções morais que adotam,[21] em um movimento que procura reenquadrar os direitos fundamentais, "renaturalizando a moralidade cristã como fundamento da lei", podendo, por seu caráter antipluralista, contribuir para a erosão da democracia.[22] Para os autores, a juridificação reativa seria, inclusive, uma das dimensões de uma nova versão de "conservadorismo", expressa na tentativa de juridificar a moralidade.

Marina Lacerda, ao retomar trabalhos sobre a experiência norte-americana, apresenta o "neoconservadorismo" como um movimento político de coalizão de diversos grupos sociais, mas cuja linha cervical é a direita cristã[23] e cujo programa político teria como cerne questões relacionadas aos direitos reprodutivos e sexuais.[24] A ênfase nesse tipo de ordem moral e tradicional expressa traços do conservadorismo clássico, como a valorização da família e da tradição. Mas há especificidades contemporâneas do movimento conservador atual que não podem ser ignoradas.

Para Melinda Cooper, essas especificidades se manifestam na convergência entre os valores caros ao conservadorismo e os valores caros ao neoliberalismo, como a defesa da família heteropatriarcal aliada à regulação de comportamentos.[25] Isso porque, como a autora pontua, interessa também aos defensores do neoliberalismo reposicionar a família como centro organizador da vida em sociedade. Esse reposicionamento legitima que se enxuguem investimentos estatais em políticas públicas de saúde, educação, assistência social, lazer, segurança, cultura etc. Além disso, a família também desponta como fonte de autoridade e controle em um momento em que o Estado se contrai e reduz os direitos. Wendy Brown argumenta que, entre neoliberalismo e conservadorismo, há mais do que uma convergência oportuna, na medida em que os processos de "mercantilização" e "familiarização" da vida cotidiana podem ser compreendidos como "processos gêmeos", que, ao avançarem, "contestam os princípios de igualdade, secularismo, pluralismo e inclusão, junto com a determinação democrática de um bem comum".[26]

Para Brown, o neoliberalismo conseguiu operar uma ampliação da esfera pessoal privada: não apenas a propriedade privada estaria resguardada de incidência ou coerção por parte do Estado ou qualquer outra força social exterior, mas também as ações, crenças e os valores pessoais. É esse "alargamento do domínio no qual a liberdade pessoal é irrestrita"[27] que permite que os direitos elaborados e construídos socialmente sejam atacados, ao mesmo tempo que a *liberdade* se torna o eixo central das reivindicações da direita cristã. Brown dá especial destaque para as organizações norte-americanas que fazem essa disputa pela via legal, como a Alliance Defending Freedom (ADF), que se descreve como o "exército legal cristão" e investe na formação de jovens juristas que compartilham e disseminam os valores cristãos conservadores em suas práticas.[28] Para a autora, "a estratégia de longo prazo da ADF é (re)cristianizar a cultura por meio de contestações de aparatos políticos e legais comprometidos com o secularismo, o igualitarismo e a inclusão".[29] No centro desse projeto estão a mobilização e a interpretação específica de categorias jurídicas como a liberdade de expressão e a liberdade religiosa. Assim, para além da privatização econômica ou financeira pregada pela cartilha neoliberal, a privatização operada pelo alargamento da "esfera pessoal protegida" é o que corrobora a "formação de uma cultura política liberal autoritária".[30] Nela, são as "coordenadas da religião e da família" que têm legitimidade como "valores públicos", e a nação passa a ser vista como "propriedade privada e familiar", o que abre margem para o combate aos inimigos internos e externos.[31]

No Brasil, a caracterização dos evangélicos enquanto grupo religioso revela suas complexidades e as possíveis reconfigurações da identidade política desses atores. Conforme Magali Cunha[32] explica, estudos sobre religião entendiam que uma das características definidoras do grupo era o isolamento frente às demandas sociais, especialmente em relação à participação política, como consequência da espiritualização de dimensões sociais e individuais operada pela crença. Preocupados com o mundo por vir, os evangélicos, ao menos até os anos 2000, mantinham uma postura apartada da política, que, por sua natureza mundana, escaparia aos elementos constitutivos de sua identidade religiosa — a leitura literal da Bíblia, atrelada à ênfase na piedade pessoal e à busca da salvação da alma.[33]

Contudo, essa identidade não é estática. Na passagem do século XX para o XXI, especialmente a partir da Constituinte, a máxima "crente não se mete em política", popular no meio evangélico, começou a dar lugar a "irmão vota em irmão".[34] Com a refundação da ordem constitucional veio também um movimento de ruptura do isolamento evangélico das demandas sociais. A articulação da FPE, nesse contexto, constitui um dos primeiros sinais da crescente politização evangélica, paralela ao crescimento do grupo no país.

Os anos 2010 trouxeram outra inflexão na trajetória do grupo na política brasileira. A crescente bancada da Bíblia passou a se articular em torno de pautas conservadoras. Especialmente na legislatura de 2011, a FPE começou a pautar sua atuação em um forte conservadorismo moral, rechaçando iniciativas que levavam à frente demandas de movimentos feministas e que procuravam resguardar os direitos da população LGBTQIA+. Antagonizando com esses atores, a FPE chamou para si a posição de defensora da família, da moral cristã e dos bons costumes,³⁵ sendo acompanhada pelos parlamentares católicos conservadores.

Já as ligações entre conservadorismo e catolicismo no Brasil têm raízes históricas profundas. A militância católica conservadora tem expressões intelectuais já nas primeiras décadas do século XX, como o Centro Dom Vital, a associação de leigos católicos que congregou intelectuais católicos, cuja produção e militância buscavam fazer dos valores religiosos a base da organização social.³⁶ Além da apologia das crenças e dos valores católicos, o repúdio a um conjunto de elementos da experiência moderna — como a secularização, as filosofias materialistas e relativistas, o liberalismo e o comunismo, o individualismo e, por vezes, a própria democracia — compôs o repertório do catolicismo conservador do século XX brasileiro,³⁷ indicando certas tendências reacionárias. Ao lado da crítica de determinados valores modernos, há uma rememoração de um passado no qual a Igreja desempenhava um papel central, bem como a tentativa de resgatá-lo.³⁸ Contemporaneamente, ecos desse tipo de pensamento podem ser identificados na ação da Sociedade Brasileira de Defesa da Tradição, Família e Sociedade (TFP), entidade católica leiga fundada em 1960.³⁹

Parcelas mais progressistas da Igreja Católica brasileira — comprometidas com a defesa dos direitos humanos e a construção de uma cultura cívica, e particularmente ativas durante a ditadura militar⁴⁰ — são hoje publicamente contrapostas por grupos que, disputando espaços na instituição, se opõem frontalmente aos direitos sexuais, reprodutivos e de gênero. A intensificação da atuação de tais grupos, que guarda semelhanças com a mobilização conservadora de grupos evangélicos, inaugurou uma nova dinâmica, que a literatura dedicada à análise das relações entre religião e política compreende como ativismo católico.⁴¹ Opondo-se à expansão dos direitos sexuais e reprodutivos, grupos expressivos na Igreja passaram a antagonizar com movimentos feministas e grupos LGBTQIA+ em suas reivindicações por medidas como a descriminalização e/ou legalização do aborto.⁴²

No plano de fundo dessas inflexões que acentuam o ativismo de raízes religiosas, vários países experimentavam a ascensão de uma "onda conservadora", como explorado nos capítulos anteriores.[43] No cenário brasileiro, pesquisas registravam que o conservadorismo, ainda que fragmentado em diversos posicionamentos, ganhava fôlego dentro e fora do Congresso Nacional.[44] Bolsonaro conquistou amplo apoio nesse contexto, conseguindo suporte de uma articulação que congrega lideranças evangélicas e católicas conservadoras e grupos conservadores não necessariamente religiosos.

O discurso de Bolsonaro ilustra a articulação entre os valores próprios da moral cristã conservadora — condenação ao aborto e aos direitos sexuais e reprodutivos, defesa da "cura" gay e da família — e os princípios do liberalismo econômico — Estado mínimo e livre mercado.[45] No poder, o ex-presidente, que teve como slogan de suas campanhas a frase "Deus acima de tudo, Brasil acima de todos",[46] procurou interditar avanços[47] na agenda da legalização do aborto e das drogas. Criou um Ministério da Família, chefiado por uma pastora,[48] fundindo as pastas da Mulher e dos Direitos Humanos, e indicou ao STF um ministro "terrivelmente evangélico".[49]

# Expansão religiosa e regulação moral

A participação de atores do conservadorismo religioso e seus aliados laicos em disputas no Judiciário e no Legislativo compõe vertentes políticas que a literatura tem chamado de "ativismo político comandado por atores religiosos".[1] Entre as frentes de atuação desses atores, destaca-se o engajamento eleitoral de figuras com pertencimento religioso, a criação de partidos religiosos e a formação de bancadas religiosas no Nacional, visando pautar direito e política em crenças e valores da fé. As disputas travadas por esses atores nos campos institucionais, utilizando-se da linguagem de direitos, podem ser reunidas em dois eixos.

O primeiro eixo engloba pautas morais que buscam expandir direitos e prerrogativas de igrejas e fiéis. A análise desse campo de disputas se concentra nas controvérsias sobre ensino religioso, *homeschooling*, liberdade religiosa, liberdade de culto e redução de impostos para entidades religiosas. Selecionamos treze casos emblemáticos, entre ações constitucionais no STF e iniciativas legislativas, que estão no centro das discussões mais recentes sobre essas questões.

Se as dimensões propositivas, de expansão de direitos, caracterizam o primeiro eixo de atuação conservadora e reacionária com vínculos religiosos, o segundo busca restringir determinados direitos e liberdades, a fim de regular certas condutas, num movimento chamado pela literatura de "juridificação reativa".[2] Nesse cenário, atores do conservadorismo religioso se voltam contra políticas de reconhecimento dos direitos de minorias, entre elas as mulheres e a população LGBTQIA+. Com base na literatura sobre religião e conservadorismo no Brasil, selecionamos 26 casos centrais nesse eixo. Congregam-se PLs, suas justificativas e pareceres, debates em plenário e manifestações em ações constitucionais no STF. Esses casos tocam em diferentes temas em disputa: aborto, nascituro e família, direitos LGBTQIA+, ideologia de gênero e drogas.

## Casos e documentos analisados

### EIXO 1: EXPANSÃO DE LIBERDADES
**Tema central** Ensino religioso e *homeschooling*
**Casos selecionados** Caráter confessional do ensino religioso em escolas públicas e possibilidade de educação domiciliar
**Documentos analisados** ADI nº 4.439 e RE nº 888.815

**Tema central** Liberdade religiosa
**Casos selecionados** Projetos de estatutos da liberdade religiosa, leis gerais da religião, tentativa de criação de instrumentos normativos que ampliam a esfera da liberdade religiosa e disputas sobre a extensão da liberdade de culto
**Documentos analisados** PLs nº 6.314/2005, 1089/2015, 4.356/2016, 4.946/2019, 6238/2019, 1.197/2022 e 2.417/2022 (Liberdade de Expressão e Liberdade Religiosa)
PLC nº 160/2009 (Lei Geral das Religiões)
ADPFs nº 701 e 811 (realização de cultos e missas na pandemia da covid-19)

**Tema central** Redução de impostos para entidades religiosas
**Casos selecionados** Iniciativas legislativas que procuram reduzir a carga tributária das igrejas
**Documentos analisados** PLs nº 2719/2003 e 331/2004

### EIXO 2: INTERDIÇÃO A AGENDAS DE GÊNERO, DIVERSIDADE SEXUAL E REGULAÇÃO DE DROGAS
**Tema central** Aborto
**Casos selecionados** No STF, ação que discute a possibilidade de aborto legal até o terceiro mês de gestação. No legislativo, propostas que pretendem reduzir as possibilidades de aborto legal ou endurecer a pena atualmente prevista para a prática
**Documentos analisados** ADPF nº 442, PLs nº 4.703/1998, 4.917/2001 e 7.443/2006

**Tema central** Família e nascituro
**Casos selecionados** Iniciativas legislativas que pretendem criar Estatutos do Nascituro e da Família, este a partir de uma definição jurídica restrita de família
**Documentos analisados** PLs nº 6.583/2013, 478/2007, 1.979/2020, 434/2021 e 359/2023

---

**Tema central** Direitos LGBTQIA+
**Casos selecionados** No STF, ação que discute a união homoafetiva. No Legislativo, propostas que pretendem impedir a adoção por casais homoafetivos, proibir a criação de banheiros unissex, o uso de linguagem neutra e criminalizar procedimentos de redesignação sexual
**Documentos analisados** ADPF nº 132, PLs nº 4.508/2008, 620/2015, 4.019/2021, 4.036/2021, 3.419/2021, 192/2023, 204/2023, 269/2023, 994/2023, 450/2023, 466/2023 e PLS nº 441/2023

---

**Tema central** Ideologia de gênero
**Casos selecionados** No legislativo, discussão sobre a chamada "ideologia de gênero" no âmbito do debate sobre o Plano Nacional de Educação. No STF, ação que discute a mesma questão a partir do Plano Municipal de Educação de um município mineiro
**Documentos analisados** PL nº 8.035/2010 (PNE), ADPF nº 467

---

**Tema central** Drogas
**Casos selecionados** No STF, discussão sobre a constitucionalidade da criminalização do porte de drogas para consumo pessoal. No Legislativo, propostas que pretendem alterar dispositivos da atual política de drogas, seja para possibilitar a comercialização de medicamentos à base de *Cannabis sativa* ou para incluir comunidades terapêuticas e internações involuntárias como métodos de tratamento previstos em lei
**Documentos analisados** RE nº 635.659, PLs nº 7.663/2010 e 399/2015

# Eixo 1: Expansão da esfera religiosa

### ENSINO RELIGIOSO E *HOMESCHOOLING*

Duas ações estão no centro do debate sobre ensino religioso e *homeschooling*: a ADI nº 4.439, que pleiteou a interpretação, conforme a Constituição, da Lei de Diretrizes e Bases da Educação[3] para determinar que o ensino religioso nas escolas públicas só poderia ter natureza não confessional, e o RE nº 888.815, ação interposta por uma família de Canela-RS pleiteando o direito de retirada de jovem da educação formal e a continuidade de seu ensino por meio da educação domiciliar.

> **Ação** ADI nº 4.439
> **Autor** Procuradoria-Geral da República (PGR)
> ***Amici curiae*** Entidades de defesa dos direitos humanos; entidades de ensino com ou sem viés religioso; entidades religiosas
> **Objetivos** Interpretar a Lei de Diretrizes e Bases da Educação (lei nº 9.349/1996) conforme a Constituição, para não ferir o Estado laico: o ensino religioso nas escolas públicas só poderia ser não confessional. A escola pública não poderia ser transformada em espaço de "catequese e proselitismo religioso, católico ou de qualquer confissão"
> Fixar que o ensino de religiões nas escolas públicas deveria ter como foco as diversas manifestações culturais e religiosas na sociedade e as diferentes expressões da fé
> **Trâmites** 2010: PGR move ADI nº 4.439
> 2017: STF considera a ADI improcedente e declara a constitucionalidade do artigo 33, caput e §§ 1º e 2º, da lei nº 9.394/1996, e do art. 11, § 1º, do acordo entre o Governo do Brasil e a Santa Sé, relativo ao Estatuto Jurídico da Igreja Católica no Brasil. É afirmada, assim, a constitucionalidade do ensino religioso confessional como disciplina facultativa dos horários normais das escolas públicas de Ensino Fundamental

**Ação** RE nº 888.815
**Autor** Família de Canela-RS
**Amici curiae** Estados da Federação, Associação Nacional de Educação Domiciliar (Aned) e Instituto Conservador de Brasília
**Objetivos** Pleitear o direito de prover educação domiciliar para a filha e retirá-la da rede formal de ensino
**Trâmites** 2015: Ação é interposta
2016: Repercussão geral é reconhecida
2018: STF nega provimento ao recurso: entende que, ainda que a Constituição não vede o ensino domiciliar, estabelece a proibição de "qualquer de suas espécies que não respeite o dever de solidariedade entre a família e o Estado como núcleo principal à formação educacional das crianças, jovens e adolescentes". O *unschooling* (desescolarização) e o *homeschooling* (ensino domiciliar) são considerados inconstitucionais

## LIBERDADE RELIGIOSA

O tema da liberdade religiosa aparece em várias propostas de lei, listadas e detalhadas a seguir. Além disso, o assunto é abordado também no Judiciário, nos casos levados ao STF que questionam a constitucionalidade de decretos estaduais que determinaram o fechamento de igrejas e a interrupção de cultos durante a pandemia de covid-19.

### PLs SOBRE LIBERDADE DE EXPRESSÃO E RELIGIÃO
Pela criação de excludente de ilicitude para os crimes de injúria e difamação para religiosos no exercício do seu ministério; criação de Estatuto e de Lei da Liberdade Religiosa; e liberdade religiosa nos temas relativos à sexualidade

**Caso** PL nº 6.314/2005
**Autor** Então deputado Hidekazu Takayama (PMDB-PR)

**Proposta** Acrescentar ao Código Penal nova possibilidade de excludente de ilicitude para crimes de injúria e difamação em discursos proferidos por religiosos
Determinar que "a opinião de professor ou ministro religioso no exercício do magistério ou de seu ministério" não constituem injúria ou difamação punível
**Trâmite** Aguardando parecer do relator na Comissão de Educação (CE)
**Apensados** Dezenas de propostas legislativas foram apensadas sugerindo arranjos em nome da liberdade religiosa e de expressão. O PL nº 1.089/2015 (do então deputado Josué Bengtson, PTB-PA), que ainda não foi votado, visa assegurar as liberdades religiosas e de consciência. Garante a "líderes religiosos de qualquer denominação" o direito de "ensinar a doutrina professada pela sua igreja, acerca de qualquer tema". Determina ainda que "a divulgação, na esfera pública ou privada, de ideias contrárias a determinado comportamento social ou a crença [...] não constitui ilícito civil nem penal"

**Caso** PL nº 4.356/2016
**Autor** Então deputado Átila Nunes (PSL-RJ)
**Proposta** Criar o Estatuto da Liberdade Religiosa
**Trâmite** Aguardando parecer do relator na CE
**Apensado** Apensado aos PLs nº 6.314/2005 e 1.089/2015

**Caso** PL nº 4.946/2019
**Autor** Eli Borges (Solidariedade-TO)
**Proposta** Assegurar o "livre exercício da liberdade religiosa nos temas relativos à sexualidade"
**Trâmite** Aguardando designação de relator na Comissão de Direitos Humanos, Minorias e Igualdade Racial (CDHMIR)

**Caso** PL nº 6.238/2019
**Autor** Então deputado Celso Russomanno (Republicanos-SP)
**Proposta** Instituir a Lei Nacional da Liberdade Religiosa
**Trâmite** Aguardando parecer do relator na CE
**Apensado** Apensado aos PLs nº 4.356/2016, 1.089/2015 e 6.314/2005

**Caso** PL nº 1.197/2022
**Autor** Samuel Moreira (PSDB-SP)
**Proposta** Instituir a Lei de Liberdade Religiosa, estabelecendo instrumentos que disciplinam a matéria
**Trâmite** Aguardando parecer do relator na CE
**Apensado** Apensado aos PLs nº 4.356/2016, 1.089/2015 e 6.314/2005

**Caso** PL nº 2.417/2022
**Autor** Gilberto Abramo (Republicanos-MG)
**Proposta** Criar o Estatuto da Liberdade Religiosa
**Trâmite** Aguardando parecer do relator na CE
**Apensado** Apensado aos PLs nº 6.314/2005, 1.089/2015 e 4.356/2016

## PROPOSTA DE LEI GERAL DAS RELIGIÕES

Por direitos tributários, educacionais e trabalhistas; livre exercício religioso; proteção de locais de culto; inviolabilidade de crença; e liberdade de ensino religioso

**Caso** PLC nº 160/2009
**Autor** George Hilton (PRB-MG)
**Proposta** Equiparar os direitos tributários, educacionais e trabalhistas garantidos à Igreja Católica às demais religiões
**Trâmite** Aprovado na Câmara, seguiu para o Senado, onde foi arquivado

## ADPFs SOBRE LIBERDADE RELIGIOSA NA PANDEMIA

Arguições de Descumprimento de Preceito Fundamental contra a suspensão de atividades religiosas de caráter coletivo durante surto de covid-19

**Ação** ADPF nº 701/2020
**Autoria** Associação Nacional de Juristas Evangélicos (Anajure)
*Amici curiae* Centro Brasileiro de Estudos em Direito e Religião (Cedire), Instituto Brasileiro de Direito e Religião (IBDR),

Associação Centro Dom Bosco de Fé e Cultura, União Nacional de Igrejas e Pastorais (Unigrejas), Conselho Nacional dos Conselhos de Pastores do Brasil

**Conteúdo**  Ataca decreto do município mineiro de João Monlevade de suspensão das atividades religiosas como medida de enfrentamento à pandemia de covid-19. Questiona também os "demais decretos estaduais e municipais" de mesmo conteúdo, por compreender que a suspensão irrestrita das atividades religiosas violaria o direito fundamental à liberdade religiosa e o princípio da laicidade estatal

**Trâmite**  Com o fim das medidas restritivas e a volta à normalidade pelo fim da pandemia de covid-19, as ADPFs nº 701/2020, 10/2021 e 811/2021 foram julgadas prejudicadas

**Ação**  ADPF nº 810/2021
**Autoria**  Conselho Nacional de Pastores do Brasil (CNPB)
**Conteúdo**  Sustenta que a norma questionada (detalhada na entrada a seguir) atentaria contra a liberdade religiosa, além de instituir discriminações institucionais
**Trâmite**  Com o fim das medidas restritivas e a volta à normalidade pelo fim da pandemia de covid-19, as ADPFs nº 701/2020, 10/2021 e 811/2021 foram julgadas prejudicadas

**Ação**  ADPF nº 811/2021
**Autoria**  PSD
***Amici curiae***  Ministério Público do Estado de São Paulo, IDBR, Anajure, Diretório Nacional do PTB, Centro Brasileiro de Estudos em Direito e Religião do Escritório de Assessoria Jurídica Popular da Universidade de Uberlândia (Cedire/Esajup/UFU), Associação Centro Dom Bosco de Fé e Cultura, Frente Nacional de Prefeitos (FNP), Associação Instituto Santo Atanásio de Fé e Cultura, Conselho Nacional dos Conselhos de Pastores do Brasil (Concepab), Conselho Nacional de Pastores e Líderes Evangélicos Indígenas (Conplei) e Associação Pró-Evangélicos do Brasil e Exterior (Apebe)

**Conteúdo** Apensada à ADPF nº 810, questiona a constitucionalidade do art. 2º, II, a, do decreto nº 65.563 do estado de SP, sobre vedação de cultos, missas e atividades religiosas de caráter coletivo

**Trâmite** Com o fim das medidas restritivas e a volta à normalidade pelo fim da pandemia de covid-19, as ADPFs nº 701/2020, 10/2021 e 811/2021 foram julgadas prejudicadas

## REDUÇÃO DE IMPOSTOS PARA ENTIDADES RELIGIOSAS

No começo dos anos 2000, duas propostas trataram de alterações na legislação relativa ao imposto de renda (IR) para possibilitar deduções por doações a entidades religiosas: os PLS nº 2.719/2003 e 3.331/2004 — este último foi apensado ao primeiro devido ao teor semelhante.

### PLs SOBRE REDUÇÃO DE IMPOSTOS PARA ENTIDADES RELIGIOSAS

Pela inclusão de doações às instituições religiosas como passíveis de dedução no IR

#### PL nº 2.719/2003

**Autoria** Então deputado Eduardo Cunha (PMDB-RJ)

**Proposta** Incluir doações às instituições religiosas como passíveis de dedução do imposto de renda

**Trâmite** Arquivado em 2006

#### PL nº 3.331/2004

**Autoria** Então deputado Almir Moura (PL-RJ)

**Proposta** Possibilitar doações às instituições religiosas passíveis de dedução do imposto de renda

**Trâmite** Apensado ao PL nº 2.719/2003, foi arquivado em 2006

## Eixo 2: Interdição a agendas de gênero, diversidade sexual e regulação de drogas

**CRIMINALIZAÇÃO DO ABORTO**

Ao longo das últimas duas décadas, uma série de ações discutem no STF as possibilidades de aborto legal. Entre elas, destacam-se a ADPF nº 54, de 2004, sobre a antecipação terapêutica do parto de feto anencéfalo e o habeas corpus (HC) nº 124.306, de 2014, cujo objeto foi a interrupção voluntária da gravidez até o terceiro mês de gestação. De 2016, a ADI nº 5.581 tratou da possibilidade de interrupção voluntária da gestação de fetos com a síndrome congênita causada pelo vírus zika. No ano seguinte, o PSOL propôs a ADPF nº 442, retomando a discussão da possibilidade de aborto legal até o terceiro mês de gestação. O partido defendeu que "a interrupção da gestação induzida e voluntária realizada nas primeiras 12 semanas" deveria ser excluída da incidência dos comandos da lei penal. Proposta em 2017, a ação demandou ao STF que declarasse a penalização do aborto no período inicial da gravidez incompatível "com a dignidade da pessoa humana e a cidadania das mulheres e a promoção da não discriminação como princípios fundamentais da República".[4] Segundo o PSOL, a política atual violaria "direitos fundamentais das mulheres à vida, à liberdade, à integridade física e psicológica, à igualdade de gênero, à proibição de tortura ou tratamento desumano ou degradante, à saúde e ao planejamento familiar". Optamos por analisar as manifestações nesta ação, a ADPF nº 442, por ser a mais recente e abrangente das ações sobre o tema.

## ADPF nº 442
*Amici curiae* e manifestações em audiência pública

### ENTIDADES E ATORES CONTRÁRIOS À PROCEDÊNCIA DA AÇÃO: ANTIDESCRIMINALIZAÇÃO DO ABORTO ATÉ TRÊS MESES DE GESTAÇÃO

Partido Social Cristão (PSC), União dos Juristas Católicos de São Paulo (Ujucasp), Instituto de Defesa da Vida e da Família (IDVF), Anajure, Associação de Famílias de Cascavel e Região, Frente Parlamentar Mista em Defesa da Família e Apoio à Vida, Associação Nacional da Cidadania pela Vida (Adira), Instituto Liberal do Nordeste (Ilin), União dos Juristas Católicos do Rio de Janeiro (Ujucarj), CNBB, Associação Centro São José de Anchieta de Fé e Cultura, Podemos, Associação de Direito de Família e das Sucessões (Adifas), Associação Nacional Pró-Vida e Pró-Família, Centro de Reestruturação para a Vida (Cervi), Conselho Nacional do Laicato na Arquidiocese de Aracaju-SE (Conal), Confederação das Associações Muçulmanas do Brasil, Confederação Israelita do Brasil (Conib), Convenção Batista Brasileira (CBB), Convenção Geral das Assembleias de Deus do Brasil (CGADB), Federação Nacional do Culto Afrobrasileiro (Fenacab), Frente Parlamentar em Defesa da Vida e da Família, Rafael Câmara Medeiros Parente, Instituto Brasileiro de Direito e Religião (IBDR), Movimento Nacional da Cidadania pela Vida — Brasil sem Aborto, Janaina Paschoal

### ENTIDADES E ATORES FAVORÁVEIS À PROCEDÊNCIA DA AÇÃO: PRÓ--DESCRIMINALIZAÇÃO DO ABORTO ATÉ TRÊS MESES DE GESTAÇÃO

Human Rights Watch, Conselho Regional de Psicologia do Estado de São Paulo, Instituto Brasileiro de Ciências Criminais (IBCCRIM), Católicas pelo Direito de Decidir, Comitê Latino-Americano e do Caribe para a Defesa dos Direitos da Mulher (Cladem-Brasil), Centro Acadêmico XI de Agosto, Coletivo Feminista Dandara, Núcleo de Prática Jurídica em Direitos Humanos (NPJ-DH), Sociedade Brasileira de Genética Médica, Conectas Direitos Humanos, Instituto Terra, Trabalho e Cidadania (ITTC), Associação Brasileira de Antropologia (ABA), Conselho Regional de Psicologia da 1ª Região (CRP/01), Associação Brasileira de Saúde Coletiva

(Abrasco), Coletivo Feminista Sexualidade e Saúde, Consórcio Latino-Americano Contra o Aborto Inseguro, Conselho Federal de Psicologia, Criola, Federação Brasileira das Associações de Ginecologia e Obstetrícia (Febrasgo), Rede Nacional Feminista de Saúde, Direitos Sexuais e Direitos Reprodutivos, Grupo Curumim Gestação e Parto (Grupo Curumim), Rede de Desenvolvimento Humano (Redeh), Centro Acadêmico Afonso Pena (Caap-UFMG), Assessoria Jurídica Universitária Popular da Universidade Federal de Minas Gerais (Ajup-UFMG), International Women's Health Coalition (IWHC), Coletivo Margarida Alves de Assessoria Popular, SOS CORPO, Instituto Feminista para a Democracia, Centro Feminista de Estudos e Assessoria (CFEMEA), Conselho Federal de Serviço Social (CFESS), Confederação Nacional dos Trabalhadores em Seguridade Social da CUT (CNTSS-CUT), Associação Juízes para a Democracia (AJD), Instituto dos Advogados de São Paulo (Iasp), Academia Nacional de Medicina, Anis — Instituto de Bioética, Centro Brasileiro de Análise e Planejamento (Cebrap), Centro de Pesquisas em Saúde Reprodutiva de Campinas José Henrique Rodrigues Torres, Center for Reproductive Rights, Clínica de Direitos Humanos da UFMG (CdH-UFMG), Clínica de Direitos Fundamentais da Faculdade de Direito da Uerj ("Uerj Direitos"), Conselho Nacional dos Direitos Humanos, Fiocruz, Instituto Baresi, Instituto Brasileiro de Direito Civil (IBDCivil), Instituto de Estudos da Religião (Ipas), Melania Amorim, Núcleo Especializado de Defesa e Promoção dos Direitos da Mulher, Clínica de Litigância Estratégica em Direitos Humanos na FGV Direito SP, Sociedade Brasileira para o Progresso da Ciência, Sociedade Brasileira de Bioética, PTB, Sindicato dos Médicos no Estado do Paraná, Clínica de Direitos Humanos (CDH-UFPR), O'Neill Institute for National and Global Health Law, Cidadania, Estudo, Pesquisa, Informação e Ação (Cepia)

Assim como as discussões sobre liberdade religiosa, os debates sobre aborto também têm se desenrolado no Legislativo. Dentre os diversos projetos relacionados ao tema, selecionamos para análise aqueles que procuram endurecer a pena para a prática de aborto e/ou reduzir as possibilidades de aborto legal (casos em que a interrupção voluntária da gravidez é permitida).

## PLs SOBRE ABORTO
Pelo endurecimento da pena para aborto e redução das possibilidades de aborto legal[5]

**Projeto** PL nº 4.703/1998
**Autor** Então deputado Francisco da Silva (PPB-RJ)
**Proposta** Acrescentar o aborto à Lei de Crimes Hediondos
(lei nº 8.072/1990)
**Trâmite** Arquivado
**Apensados** PLs nº 9.104/2017, 9.106/2017, 9.107/2017 e 9.105/2017, todos de autoria de Capitão Augusto (PL-SP), para aumentar a pena do aborto

**Projeto** PL nº 4.917/2001
**Autor** Então deputado Givaldo Carimbão (PSB-AL)
**Proposta** Acrescentar o aborto à Lei de Crimes Hediondos
(lei nº 8.072/1990)
**Trâmite** Arquivado
**Apensado** Apensado ao PL nº 4703/1998

**Projeto** PL nº 7.443/2006
**Autor** Então deputado Eduardo Cunha (PMDB-RJ)
**Proposta** Acrescentar o aborto à Lei de Crimes Hediondos
(lei nº 8.072/1990)
**Trâmite** Arquivado
**Apensado** Apensado aos PLs nº 4.703/1998 e 4.917/2001

**Projeto** PL nº 4.646/2016
**Autor** Então deputado Flavinho (PSB-SP)
**Proposta** Acrescentar o aborto à Lei de Crimes Hediondos e tipificar o crime de auxílio, induzimento ou instigação ao aborto
**Trâmite** Arquivado
**Apensado** Apensado ao PL nº 4.703/1998

**Projeto** PL nº 2.893/2019
**Autor** Então deputados Chris Tonietto (PSL-RJ) e Filipe Barros (PSL-PR)
**Proposta** Revogar o artigo do Código Penal que prevê as hipóteses de aborto legal. Toda interrupção voluntária da gravidez seria considerada crime, incluindo casos de estupro e risco para a vida da gestante, possibilidades contempladas pela legislação penal desde 1940
**Trâmite** Aguarda designação de relator na Comissão de Defesa dos Direitos da Mulher
**Apensado** PL nº 1.838/2022

## PROTEÇÃO DO NASCITURO

Diretamente relacionada às discussões sobre o aborto, a proteção do nascituro, embora tenha repercussões no debate sobre a descriminalização, apresenta de forma mais explícita uma estratégia de defesa de direitos de um grupo específico. Desde 2007, diversos PLs foram propostos para instituir um Estatuto do Nascituro, seja criando instrumentos normativos novos, seja alterando o Estatuto da Criança e do Adolescente (ECA) ou o Código Civil. No conteúdo desses PLs, destaca-se a proteção da vida desde a concepção, a definição de nascituro como ser humano concebido e ainda não nascido, questões relativas à personalidade jurídica do nascituro e seus direitos, além da previsão de punições para crimes contra o nascituro — dentre eles o aborto.

### PLs SOBRE NASCITURO
Por restrições ao aborto legal, aumento de penas para a prática, auxílio a vítimas de estupro e proteção jurídica do nascituro

**Projeto** PL nº 478/2007
**Autor** Então deputados Luiz Bassuma (PT-BA) e Miguel Martini (PHS-MG)

**Proposta**  Criar o Estatuto do Nascituro para proteger direitos de personalidade
**Trâmite**  Aguarda designação de relator na Comissão de Defesa dos Direitos da Mulher
**Apensado**  Conta com 25 apensados, entre eles iniciativas para: restringir o aborto legal; aumentar as penas previstas para o tipo no Código Penal; prover auxílio financeiro para vítimas de estupro que optem por prosseguir com a gravidez

**Projeto**  PL nº 1.979/2020
**Autor**  Então deputada Chris Tonietto (PSL-RJ)
**Proposta**  Alterar o ECA para incluir a proteção ao nascituro
**Trâmite**  Aguarda designação de relator na Comissão de Defesa dos Direitos da Mulher
**Apensado**  Apensado ao PL nº 478/2007

**Projeto**  PL nº 434/2021
**Autor**  Então deputadas Chris Tonietto (PSL-RJ) e Alê Silva (Republicanos-MG)
**Proposta**  Criar o Estatuto do Nascituro
Alterar disposições do Código Penal sobre o aborto
**Trâmite**  Aguarda designação de relator na Comissão de Defesa dos Direitos da Mulher
**Apensado**  Apensado ao PL nº 478/2007

**Projeto**  PL nº 359/2023
**Autor**  Deputada Clarissa Tércio (PP-PE)
**Proposta**  Incluir dispositivos de proteção do nascituro no Código Civil
**Trâmite**  Aguarda designação de relator na Comissão de Defesa dos Direitos da Mulher
**Apensado**  Apensado ao PL nº 478/2007

## PROTEÇÃO DA FAMÍLIA

Entre as pautas caras ao campo conservador da "Bíblia" está a proteção de uma concepção específica de família. A pauta vem sendo debatida no Congresso há ao menos duas décadas. De maneira semelhante ao que ocorre na pauta de defesa do nascituro, aqui também se busca efetivar a proteção constitucional por meio de uma definição daquilo que é protegido, ou seja, da definição de família como um instituto jurídico.

**Projeto** PL nº 6.583/2013
**Autor** Então deputado Anderson Ferreira (PR-PE)
**Proposta** Dispõe sobre "direitos da família" e diretrizes de políticas públicas voltadas à instituição
Define família como "o núcleo social formado a partir da união entre um homem e uma mulher, por meio de casamento ou união estável, ou ainda por comunidade formada por qualquer dos pais e seus descendentes"
Exclui arranjos diferentes dessa configuração sob justificativas como centralidade da procriação e importância da família para a sociedade
Aqueles que escapam da união entre homem e mulher constituiriam relações de mero afeto e não família no sentido que é constitucionalmente protegido
**Trâmite** Aguarda deliberação do recurso na Mesa Diretora da Câmara dos Deputados. Foi objeto de intensos debates na Câmara, com participação da sociedade civil em audiências públicas em 2015: especialistas em direito de família, membros do Judiciário, ativistas de direitos humanos e líderes religiosos expuseram suas visões acerca do conceito de família, da importância da instituição para a sociedade e das políticas de adoção, saúde, educação e segurança pública voltadas à família

## DIREITOS LGBTQIA+

A união homoafetiva foi tema de duas ações paradigmáticas no STF: as ADPFs nº 132/2008 e 4.277/2009 — apensada à primeira —, que reivindicaram a aplicação do regime jurídico da união estável às relações homoafetivas.

### ADPFs SOBRE UNIÃO HOMOAFETIVA
Pela aplicação do regime jurídico da união estável às relações homoafetivas

**Ação** ADPF nº 132/2008
**Proponente** Governo do Estado do Rio de Janeiro
**Conteúdo** Reivindica que o regime jurídico da união estável seja aplicado às relações homoafetivas em razão dos princípios de liberdade, igualdade, dignidade e segurança jurídica. Além disso, pleiteia a interpretação conforme a Constituição do Estatuto dos Funcionários Públicos Civis do Poder Executivo do Estado do Rio de Janeiro (decreto-lei nº 220/1975), para assegurar os benefícios ali previstos a parceiros de uniões homoafetivas estáveis
**Trâmite** 2011: Foram julgadas em conjunto e consideradas procedentes por unanimidade de votos no STF. Uniões estáveis homoafetivas foram equiparadas às uniões estáveis heteroafetivas, reconhecendo-as como iguais para todos os fins. O tribunal concedeu ainda interpretação conforme a Constituição ao art. 1.723 do Código Civil, segundo o qual "é reconhecida como entidade familiar a união estável entre o homem e a mulher". A corte deu procedência à ADPF nº 132 e reconheceu que o sexo das pessoas não é fator constitutivo de desigualdade jurídica, razão pela qual os termos "homem" e "mulher", expressos no texto do Código Civil, não excluem uniões homoafetivas do regime jurídico da união estável
***Amici curiae* contrários** CNBB, Associação Eduardo Banks
***Amici curiae* favoráveis** Conectas Direitos Humanos, Escritório de Direitos Humanos do Estado de Minas Gerais (EDH), Grupo Gay da Bahia (GGB), Anis, Instituto de Bioética, Direitos Humanos e Gênero, Grupo de Estudos em Direito Internacional da

Universidade Federal de Minas Gerais (Gedi-UFMG), Centro de Referência de Gays, Lésbicas, Bissexuais, Travestis, Transexuais e Transgêneros do Estado de Minas Gerais, Centro de Luta pela Livre Orientação Sexual (Cellos), Associação de Travestis e Transexuais de Minas Gerais (Asstrav), Grupo Arco-Íris de Conscientização Homossexual, Associação Brasileira de Lésbicas, Gays, Bissexuais, Travestis, Transexuais e Intersexos (ABGLT), Instituto Brasileiro de Direito e Família (IBDFAM), Sociedade Brasileira de Direito Público (SBDP), Associação de Incentivo à Educação e Saúde do Estado de São Paulo

**Ação** ADI nº 4.277/2009
**Proponente** PGR
**Conteúdo** Apensada à ADPF nº 132/2008
**Trâmite** 2011: Foram julgadas em conjunto e consideradas procedentes por unanimidade de votos no STF. Uniões estáveis homoafetivas foram equiparadas às uniões estáveis heteroafetivas, reconhecendo-as como iguais para todos os fins. O tribunal concedeu ainda interpretação conforme a Constituição ao art. 1.723 do Código Civil, segundo o qual "é reconhecida como entidade familiar a união estável entre o homem e a mulher". A corte deu procedência à ADPF nº 132 e reconheceu que o sexo das pessoas não é fator constitutivo de desigualdade jurídica, razão pela qual os termos "homem" e "mulher", expressos no texto do Código Civil, não excluem uniões homoafetivas do regime jurídico da união estável
***Amici curiae* contrários** CNBB, Associação Eduardo Banks
***Amici curiae* favoráveis** Conectas Direitos Humanos, Escritório de Direitos Humanos do Estado de Minas Gerais (EDH), Grupo Gay da Bahia (GGB), Anis, Instituto de Bioética, Direitos Humanos e Gênero, Grupo de Estudos em Direito Internacional da Universidade Federal de Minas Gerais (Gedi-UFMG), Centro de Referência de Gays, Lésbicas, Bissexuais, Travestis, Transexuais e Transgêneros do Estado de Minas Gerais, Centro de Luta pela Livre Orientação Sexual (Cellos), Associação de Travestis e Transexuais de Minas Gerais (Asstrav), Grupo Arco-Íris de Conscientização Homossexual, Associação Brasileira de Lésbicas, Gays, Bissexuais, Travestis, Transexuais e Intersexos (ABGLT),

Instituto Brasileiro de Direito e Família (IBDFAM), Sociedade Brasileira de Direito Público (SBDP), Associação de Incentivo à Educação e Saúde do Estado de São Paulo

Mesmo antes do pedido de reconhecimento da união estável entre pessoas do mesmo sexo pelo STF, proposições que buscam restringir direitos da população LGBTQIA+ já corriam no Legislativo. Exemplos disso são os PLs sobre adoção, detalhados a seguir.

### PLs SOBRE ADOÇÃO
Pela restrição a casais homoafetivos

**Projeto** PL nº 4.508/2008
**Autor** Então deputado Olavo Calheiros (PMDB-AL)
**Proposta** Proibir a adoção por pessoas da comunidade LGBTQIA+
**Trâmite** Em fase de recurso na Mesa Diretora da Câmara dos Deputados
**Apensado** Foi apensado ao PL nº 674/2007, que regulamenta o art. 226, § 3º da Constituição Federal

**Projeto** PL nº 620/2015
**Autor** Então deputada Júlia Marinho (PSC-PA)
**Proposta** Altera o ECA para vedar a adoção conjunta por casal homoafetivo
**Trâmite** Aguarda criação de comissão temporária pela Mesa Diretora da Câmara dos Deputados
**Apensado** Foi apensado aos PLs nº 1.432/2011, 9.963/2018, 3.435/2020 e 4.796/2020, que alteram disposições sobre adoção e guarda provisória no ECA

Além dos embates relativos à adoção e à união estável de casais homoafetivos, questões relacionadas aos direitos de pessoas trans também têm sido pauta do conservadorismo religioso no Legislativo. Da proibição de banheiros unissex à criminalização de procedimentos de redesignação sexual, a tentativa de aprovar uma "legislação antitrans" — como a movimentação é chamada no debate público[6] — tem ganhado fôlego nos últimos anos, inclusive na atual legislatura.[7]

PLs como o nº 4.019/2021, do então deputado Julio Cesar Ribeiro (Republicanos-DF), buscam proibir tanto a instalação quanto a adequação de banheiros (vestiários e afins) unissex nos espaços públicos e privados em todo o país. Com objetivo semelhante, o PL nº 4.036/2021, do então deputado Sargento Fahur (PSD-PR), foi apensado ao PL nº 4.019/2021. As propostas aguardam parecer do relator na Comissão de Desenvolvimento Urbano.

Além de questões relacionadas ao uso de banheiros unissex, crescem também, na Câmara e no Senado, o número de proposições que buscam impor obstáculos à realização de procedimentos de redesignação sexual.

**PLs SOBRE REDESIGNAÇÃO SEXUAL**
Para proibir procedimentos e medicamentos e criminalizar tratamentos, cirurgias e práticas realizadas em menores de 18 e 21 anos

**Projeto** PL nº 3.419/2019
**Autor** Então deputado Heitor Freire (PSL-CE)
**Proposta** Proibir "cirurgia de transgenitalismo e tratamento de redesignação sexual em menores de 21 anos"
**Trâmite** Aguarda designação de relator na Comissão de Direitos Humanos, Minorias e Igualdade Racial
**Apensado** PLs nº 4.666/2019, 4.553/2021, 192/2023, 2.210/2023, 3.284/2023, 3.328/2023, 204/2023, 263/2023, 682/2023, 994/2023, 2.574/2023, 4.537/2023, 1.906/2023 e 4.524/2023

**Projeto** PL nº 994/2023
**Autor** Deputado Marco Feliciano (PL-SP)
**Proposta** Proibir a realização de "procedimentos de alteração do sexo biológico em menores de dezoito anos"
**Trâmite** Aguarda designação de relator na Comissão de Direitos Humanos, Minorias e Igualdade Racial
**Apensado** Apensados ao PL nº 3.419/2019

**Projeto**  PL nº 192/2023
**Autor**  Deputados Kim Kataguiri (União-SP) e Messias Donato (Republicanos-ES)
**Proposta**  Tornar crime "condutas de pessoas que instigam, incentivam, influenciam ou permitem criança ou adolescente a mudar seu gênero biológico, bem como a de prestar auxílio a quem a pratique"
**Trâmite**  Aguarda designação de relator na Comissão de Direitos Humanos, Minorias e Igualdade Racial
**Apensado**  Apensados ao PL nº 3.419/2019

**Projeto**  PL nº 269/2023
**Autor**  Deputados Mário Frias (PL-SP), Messias Donato (Republicanos-ES), Delegado Paulo Bilynskyj (PL-SP) e outros
**Proposta**  Proibir o "bloqueio puberal hormonal em crianças e adolescentes em processo transexualizador e de terapia hormonal e cirurgia de redesignação sexual, respectivamente a menores de 18 e 21 anos"
**Trâmite**  Aguarda designação de relator na Comissão de Direitos Humanos, Minorias e Igualdade Racial
**Apensado**  Apensados ao PL nº 3.419/2019

**Projeto**  PL nº 204/2023
**Autor**  Deputado Julio Cesar Ribeiro (Republicanos-DF)
**Proposta**  Vedar cirurgias de "mudança de sexo" para menores de 21 anos e "terapias hormonais" para menores de dezoito anos
**Trâmite**  Aguarda designação de relator na Comissão de Direitos Humanos, Minorias e Igualdade Racial
**Apensado**  Apensados ao PL nº 3.419/2019

**Projeto**  PL nº 441/2023
**Autor**  Senador Magno Malta (PL-ES)
**Proposta**  Alterar o ECA para tipificar o crime de "submissão de criança ou adolescente a intervenção cirúrgica ou tratamento de transexualização"
**Trâmite**  Retirado de pauta pelo autor; tramitação encerrada

Ainda na Câmara, os PLS nº 450/2023 e 466/2023, ambos apensados ao PL nº 2.759/2019, alteram a Lei de Diretrizes e Bases da Educação para proibir o uso da linguagem neutra nas escolas. Roberto Duarte (Republicanos-AC), Coronel Chrisóstomo (PL-RO) e Jerônimo Goergen (PP-RS) são os respectivos autores dos PLS, não apreciados pela Câmara até o momento.

**IDEOLOGIA DE GÊNERO**

Controvérsias sobre a "ideologia de gênero" povoam o Congresso desde a apreciação do PL nº 8.035/2010, transformado no atual Plano Nacional de Educação (PNE). De autoria do Executivo, o PNE determina as diretrizes, metas e estratégias da política educacional entre 2014 e 2024. Nos termos da Constituição (art. 214), o documento é responsável por "articular o sistema nacional de educação em regime de colaboração […] para assegurar a manutenção e desenvolvimento do ensino em seus diversos níveis, etapas e modalidades por meio de ações integradas dos poderes públicos das diferentes esferas federativas". Quando proposto, o PL que resultou no atual PNE trazia a implementação de "políticas de prevenção à evasão motivada por preconceito e discriminação à orientação sexual ou à identidade de gênero, criando rede de proteção contra formas associadas de exclusão", como uma das estratégias para universalização do ensino entre jovens de quinze a dezessete anos e elevação da taxa de matrícula no Ensino Médio.

A presença dos termos "igualdade de gênero" e "orientação sexual" gerou intensos debates na apreciação do projeto no Congresso. Diversos parlamentares mobilizaram-se para excluir menções às expressões do PNE, sob a justificativa de que se trataria de uma contaminação do documento pela "ideologia de gênero". Transformado em lei em 2014, o texto aprovado não faz menção à identidade de gênero ou à orientação sexual.

No Judiciário, a questão da "ideologia de gênero" foi discutida na ADPF nº 467. Como detalhado a seguir, a ação questiona a constitucionalidade dos dispositivos do Plano Municipal de Educação de um município mineiro que excluem da política municipal quaisquer menções à igualdade de gênero e à orientação sexual.

## ADPF SOBRE "IDEOLOGIA DE GÊNERO"

**Ação** ADPF nº 467/2017

**Proponente** Movida pela PGR contra o município mineiro de Ipatinga

**Conteúdo** Questiona a constitucionalidade dos dispositivos do Plano Municipal de Educação (lei nº 3.491/2015), que excluem da política municipal quaisquer menções à igualdade de gênero e à orientação sexual (arts. 2º e 3º)

**Trâmites** Em 2020, o pedido foi julgado procedente por unanimidade de votos. Os referidos trechos da lei municipal questionada foram declarados inconstitucionais

***Amici curiae* contrários** Anajure

***Amici curiae* favoráveis** Grupo Dignidade — Pela Cidadania de Gays, Lésbicas e Transgêneros, Aliança Nacional LGBTI, Associação Nacional dos Defensores Públicos (Anadep), Associação Nacional de Juristas pelos Direitos Humanos de Lésbicas, Gays, Bissexuais, Travestis, Transexuais, Transgêneros e Intersexuais, Associação Artigo 19 Brasil, Ação Educativa Assessoria Pesquisa e Informação, Associação Cidade Escola Aprendiz, Associação Nacional de Política e Administração da Educação (Anpae), Centro de Estudos Educação e Sociedade, Campanha Nacional pelo Direito à Educação, União Nacional dos Conselhos Municipais de Educação (UNCME)

## DROGAS

O debate sobre a política de drogas, tanto no Legislativo quanto no Judiciário, tem se desdobrado em diferentes pautas, como a regulação da comercialização de medicamentos à base de substâncias derivadas das *Cannabis* e das comunidades terapêuticas como entidades capacitadas para tratamento de pessoas usuárias de drogas, além do questionamento da constitucionalidade da criminalização do porte de drogas para consumo pessoal. Essas pautas têm recebido atenção de diversas entidades religiosas.

## POLÍTICAS SOBRE DROGAS

**Caso** RE nº 635.659/2011
**Autoria** Francisco Benedito de Souza, réu no STF em caso
  que discute a possibilidade de descriminalização o porte de drogas
**Conteúdo** Discute no STF a constitucionalidade da criminalização
  do porte de drogas para consumo pessoal, previsto no art. 28
  da Lei de Drogas (lei nº 11.343/2006), tendo em vista especialmente
  a garantia dos princípios da intimidade e da vida privada
**Trâmites** 2011: Tribunal reconhece a repercussão geral do tema
  2024: depois da retomada do julgamento em 2023, em junho
  de 2024 o STF decide que "ter pequenas quantidades de
  maconha para uso pessoal (40 gramas ou 6 pés) continua
  sendo proibido, mas não é crime"
*Amici curiae* VIVA RIO, Comissão Brasileira sobre Drogas e
  Democracia (CBDD), Associação Brasileira de Estudos Sociais
  do Uso de Psicoativos (Abesup), Instituto Brasileiro de Ciências
  Criminais (IBCCRIM), Instituto de Defesa do Direito de Defesa,
  Instituto Sou da Paz, Instituto Terra, Trabalho e Cidadania, Pastoral
  Carcerária, Associação dos Delegados de Polícia do Brasil (Adepol)
  Brasil, Associação Brasileira de Lésbicas, Gays, Bissexuais, Travestis,
  Transexuais e Intersexos (ABGLT), Associação Paulista Para o
  Desenvolvimento da Medicina (SPDM), Associação Brasileira de
  Estudos do Álcool e Outras Drogas (Abead), Associação Nacional
  Pró-Vida e Pró-Família, Central de Articulação das Entidades de
  Saúde (Cades), Federação de Amor Exigente (Feae), Associação
  Nacional dos Prefeitos e Vice-Prefeitos da Republica Federativa
  do Brasil (ANPV), Growroom.NET, Conselho Federal de Psicologia,
  Conectas Direitos Humanos, Rede Jurídica pela Reforma da
  Política de Drogas, Defensoria Pública do Estado do Rio de Janeiro,
  Iniciativa Negra por uma Nova Política sobre Drogas, Defensoria
  Pública do Estado de São Paulo, Associação Nacional dos Peritos
  Criminais Federais (APCF)

**Caso**  PL nº 7.663/2010
**Autoria**  Então deputado Osmar Terra (PMDB-RS), posteriormente, ministro da Cidadania do governo Bolsonaro
**Conteúdo**  Altera diversos dispositivos da política de drogas
É a primeira legislação a incluir as comunidades terapêuticas — instituições via de regra conectadas aos grupos religiosos cristãos — como capacitadas para tratamento de pessoas usuárias de drogas
Permite, em alguns casos, a internação involuntária
**Trâmites**  2019: Transformado na lei nº 13.840/2019, assinada também pelos então ministros da Justiça, Sérgio Moro, e da Família, Mulher e Direitos Humanos, Damares Alves

**Caso**  PL nº 399/2015
**Autoria**  Então deputado Fábio Mitidieri (PSD-SE)
**Conteúdo**  Alterar a Lei de Drogas para possibilitar a comercialização de medicamentos à base de *Cannabis sativa*
**Trâmites**  Pendente de recurso. Enfrenta dura oposição de atores do conservadorismo evangélico

# "Promotora do bem comum": Igreja, família e paz social

Argumentos que enfatizam a importância da Igreja, listando seus diversos papéis políticos e sociais, permeiam os documentos analisados, por exemplo, nas disputas sobre ensino religioso, liberdade religiosa e redução de impostos. Dois argumentos sustentam o que seria o caráter fundamental da atividade religiosa. O primeiro ressalta a histórica e intensa relação entre religião e Estado no Brasil. O segundo destaca a religiosidade como característica da maioria dos brasileiros. De acordo com o raciocínio, no regime republicano, apesar das amarras entre Igreja e Estado terem se afrouxado, haveria ainda possibilidades de cooperação abraçadas pelas constituições brasileiras a partir de 1934, "em função da força das estruturas históricas profundas" (então senador Marcelo Crivella, PLC nº 160/2009, 2016).[1]

A Constituição de 1988 não fugiria a essa tradição. Ao lado dos princípios da "separação/distinção/independência entre a ordem política e a ordem religiosa", consagraria também o princípio "da colaboração entre elas", o que resultaria "no dever de reconhecimento da importância da ordem religiosa para a promoção do bem comum", dados seus diversos papéis sociais, materializados "em ações de ajuda ao próximo" (IBDR, 2021),[2] "no fortalecimento espiritual, mental e psíquico conjunto" (IBDR, 2021).[3]

Além dos "eficientes e reconhecidos trabalhos na área da educação, da assistência social, do tratamento de dependentes químicos e até da saúde do ponto de vista médico" (então deputado George Hilton, PP-MG, PL nº 5.598/2009, 2009),[4] a religião ajudaria a superar os momentos de crise e auxiliaria na "restauração da calma, da sanidade e da tranquilidade mental dos seus adeptos" (Centro Dom Bosco, 2021).[5] Contribuiria também para a "manutenção da paz social, colaborando com a segurança pública" (Concepab, 2021).[6] Além disso, a "assistência religiosa" e o "socorro espiritual" seriam direitos fundamentais da população (Concepab, 2021).[7]

Nas deliberações sobre o PNE, parlamentares enfatizam o papel de igrejas e entidades religiosas, questionando: "quantos lugares que antes não tinham escolas, e [...] tinham educação que era dada pelas igrejas?" (então deputado Pastor Eurico, PSB-PE, PL nº 8.035/2010, 2014).[8] Nessa esteira, a fé e os valores cristãos são apresentados como elementos fundantes da organização social: "todo o arcabouço jurídico que o constituinte coloca [...] é dado sob a proteção de Deus" (então deputado Ronaldo Fonseca, PR-DF, PL nº 6.583/2013, 2014),[9] sendo a fé do cristianismo o que "construiu nossa sociedade brasileira" e "todo o ocidente" (Fonseca, 2014).

As instituições religiosas também aparecem nesses documentos como "agentes sociais" responsáveis por lidar com a família, a "célula primeira da sociedade" (então deputado Eduardo Cunha, PMDB-RJ, PL nº 2.719/2003, 2003).[10] Sob esse argumento, diversas medidas são defendidas. Exemplo disso é a redução de impostos para entidades religiosas — "visto que estas desempenham atividade fundamental para a consolidação de uma sociedade justa, ética e comprometida com os trabalhos de transformação das comunidades locais" (Cunha, 2003). Defende-se também que o discurso religioso, mesmo que ofensivo, não seja de qualquer forma regulado, pela valorização do "papel do Ministro religioso" e pelo resguardo aos "valores da sua fé" (então deputado Takayama, PMDB-RJ, PL nº 6.314/2005, 2005).[11]

Família e Igreja estão no centro da ordem que perpassa muitos argumentos de interdição a agendas de gênero, diversidade sexual e regulação de drogas. O direito à vida, o princípio da dignidade da pessoa humana e a manutenção de estruturas como os papéis tradicionais de gênero e o casamento heteroafetivo organizam essa ordem, conformando aquilo que os atores compreendem como parte da natureza, da tradição e da vontade de Deus. Assim, mudanças são repelidas por contrariarem não apenas o ordenamento jurídico brasileiro, mas também as tradições, a lei natural e a lei divina. Essa lógica argumentativa aparece nas discussões sobre aborto, união homoafetiva, direitos de pessoas trans e legalização da maconha.

A prática do aborto, ainda que legalizada, continuaria sendo um ilícito, por violar a "Lei Natural", cujos princípios "fundamentam o código moral de todos os povos e culturas" (então deputada Chris Tonietto, PSL-RJ, PL nº 434/2021, 2021). Por confrontar essas mesmas normas, a "ideologia de gênero" também precisaria ser combatida. "Na essência do ser humano, existe uma distinção clara, dada pelo criador", razão pela qual não haveria como "fazer uma distinção diferente" como a "ideologia de gênero" propõe (então deputado Luiz Fernando Machado, PSDB-SP, PL nº 8.035/2010, 2014).

O próprio direito estaria sob ameaça com a descriminalização do aborto, segundo alguns dos documentos analisados, que sustentam que a credibilidade do Judiciário poderia ser seriamente questionada caso o STF desse provimento aos pedidos da ADPF nº 442, uma vez que o acolhimento da causa poderia levar a "uma desorientadora postura para uma verdadeira teoria e prática do Direito", fortalecendo a arbitrariedade e gerando insegurança jurídica (Ujucasp, 2017).[12]

Para além das consequências institucionais, a descriminalização do aborto também interferiria na segurança das mulheres, conforme alguns atores argumentam na ADPF nº 442. Em lugar da desejada "liberdade sexual total", ela resultaria em um "expediente interminável de violências sexuais e homicídios intrauterinos", transformando a vida das mulheres num ciclo vicioso de violências sexuais e abortos (IDVF, 2019). Ao invés de estarem mais protegidas pela medida, as mulheres estariam à mercê dos homens, que poderiam "submetê-las a uma servidão muito maior", obrigando-as "a satisfazerem seus desejos sexuais" (IDVF, 2019). Uma possível descriminalização do aborto também enfraqueceria as relações interpessoais. Expostas à proliferação da "indústria do sexo e do aborto", as pessoas, especialmente as mulheres, estariam sujeitas a relações desprovidas de responsabilidade e cuidado. Os vínculos formados não seriam mais os sólidos laços familiares, mas de relações em que nem a mulher, nem "os frutos da relação" são "assumidos" (Ujucasp, 2018).

Ainda, argumenta-se que as consequências da descriminalização do aborto só poderiam ser graves e "irremediáveis à sociedade e a toda nação brasileira" (Anajure, 2017). Haveria o risco de diminuição da população por causa do comprometimento do volume de nascimentos (IDVF, 2017). Admitir a descriminalização do aborto — uma prática "anticidadã, antipolítica e antiética" — agravaria o estado de "fragilidade da vida cívica nacional" e sua aceitação significaria "retroceder na história" (Adira, 2017).

O reconhecimento das uniões homoafetivas — descritas em algumas manifestações como "relações de mero afeto" — como famílias geraria, por sua vez, grandes custos ao Estado, que seria obrigado a desviar recursos destinados a políticas de assistência a crianças e adolescentes para atender os direitos dessas configurações familiares não tradicionais (Fonseca, 2014). Posicionamentos mais radicais sustentam que nem mesmo a união estável entre pessoas do mesmo sexo deveria ser possível, em razão de um risco de abertura para "males" maiores, autorizando práticas interditadas, como o incesto: "com os mesmos argumentos que se levantam para privilegiar o afeto e a atração mútua em detrimento da estrita legalidade, e assim legitimar a 'união estável' entre dois homens, pode-se arguir que dois irmãos, filhos do mesmo pai e da mesma mãe [...] podem amar-se sexualmente e querer casar" (Associação Eduardo Banks, 2011).[13]

O mesmo tom alarmista aparece na defesa de projetos de lei que atacam os direitos das pessoas trans. Práticas como estupro e pedofilia, segundo alguns atores, aumentariam em razão da adoção de banheiros unissex, pois a política abriria brechas para "estupradores e pedófilos" "utilizar[em] sanitários femininos ao subterfúgio de possuir uma orientação sexual diversa da biológica" (então deputado Sargento Fahur, PSD-PR, PL nº 4.036/2021, 2021).[14] A tônica se repete também nos debates sobre descriminalização do porte de drogas para consumo pessoal. A medida geraria um "aumento no número de usuários no país, o incremento da violência urbana, o impacto sem precedentes no sistema público de saúde", além da "necessidade de novas políticas educacionais para prevenção e conscientização, bem como a criação de parâmetros para atendimento de usuários nos campos psicológico e psiquiátrico" (Feae, SPDM, 2015).[15]

A legalização da maconha, mesmo que para fins terapêuticos, equivaleria a "instalar o mal" (então deputado Pastor Eurico, PL-PE, PL nº 399/2015, 2021), dado que a *Cannabis* causaria "muito mais dano do que benefício", destruindo "milhões de famílias" (então deputado

Osmar Terra, MDB-RS, PL nº 399/2015, 2021).[16] Regulamentar seu uso agravaria a já perigosa situação do país, abriria caminho para uma generalização dessa droga, facilitaria seu acesso "às famílias brasileiras, aos nossos filhos" (então deputado Capitão Alberto Neto, Republicanos-AM, PL nº 399/2015, 2021).

# Democracia, separação de poderes e segurança jurídica

A noção de democracia retratada nos documentos analisados se baseia na religião como elemento importante na formação social do país e na ideia de que a maioria da sociedade brasileira é religiosa. Partindo disso, formulam-se reivindicações por respeito, liberdade, igualdade, segurança jurídica e razoabilidade nos diferentes casos analisados.

A ideia de criar o Estatuto da Liberdade Religiosa,[1] por exemplo, se baseia na busca pelo fortalecimento da democracia promovendo o respeito à diversidade religiosa (então deputado federal Átila Nunes, PSL-RJ, PL nº 4.356/2016, 2016). No mesmo sentido, a proposta de uma Lei Geral das Religiões[2] é vista como medida de fortalecimento do Estado laico e concretização do princípio constitucional da igualdade religiosa, proporcionando às religiões "um espaço para divulgar sua fé e crença em favor de milhões de pessoas que por elas são beneficiadas" (Hilton, 2009).

Além da igualdade de tratamento das religiões, a proteção e a promoção da liberdade religiosa são reivindicadas em conexão com o princípio da segurança jurídica sob o argumento de que, na ausência de regulamentação mais detalhada para a proteção constitucional, haveria insegurança "para todos que praticam alguma religião" (então deputado Gilberto Abramo, Republicanos-MG, PL nº 2.417/2022, 2022). Também os questionamentos sobre a constitucionalidade do *homeschooling* seriam fonte de insegurança jurídica, além de interferirem na esfera das liberdades das famílias que optam por educar seus filhos em casa. Uma vez que a Constituição não proíbe de forma expressa essa modalidade pedagógica, caberia ao Estado regulá-la e deixar a cargo das famílias, em respeito à autonomia da decisão de como educar seus filhos (Associação Nacional de Educação Domiciliar, 2019).[3]

A liberdade religiosa também é apresentada como elemento central da democracia, o que legitimaria sua proteção em todas as suas dimensões. Segundo o texto do PL nº 6.238/2019, "a proteção da Liberdade Religiosa constitui um dos pilares do Estado democrático de direito". Sem sua garantia "em todas as suas dimensões", não haveria liberdade civil ou política, pois a liberdade religiosa "serviu historicamente — e ainda serve — de pano de fundo para a conquista dos demais direitos humanos fundamentais" (então deputado Celso Russomanno, 2019).[4]

Para além de assumir uma postura um tanto quanto absenteísta, que salvaguarda a igualdade e a liberdade religiosas e a autonomia das famílias, o Estado também deveria agir com razoabilidade. Esse tipo de reivindicação aparece principalmente nas ações constitucionais sobre liberdade religiosa na pandemia de covid-19. Nesses casos, as medidas sanitárias que determinavam a suspensão de reuniões religiosas no período são criticadas por sua "desproporcionalidade e irrazoabilidade", por penalizarem a religião, uma vez que medidas menos severas teriam sido adotadas para outras atividades (Centro Dom Bosco, 2021).[5] Na mesma linha, parte das instituições que se manifestaram como *amici curiae* argumentaram, à época, a favor da adoção de uma "via menos restritiva e que melhor se amolda às exigências do princípio da proporcionalidade" (Anajure, 2021).[6] Assim, o Estado deveria abdicar da proibição total dos cultos e adotar medidas mais "razoáveis" para resguardar a saúde e a vida da população (IBDR, 2021),[7] sem "restringir ou sufocar a liberdade religiosa da nação brasileira" (Conplei, 2021).[8]

A democracia e alguns dos elementos que a constituem — separação de poderes e respeito à vontade da maioria — também aparecem nos discursos de interdição a agendas de gênero, diversidade sexual e regulação de drogas. Nesse sentido, argumenta-se que a própria proposição da ação que discute a possibilidade de descriminalizar o aborto desrespeitaria a soberania popular e a democracia. Além disso, levar a questão ao Judiciário desvalorizaria o "Parlamento como instituição democrática", pois, "numa democracia republicana", os "debates e deliberações sobre crime e descriminalização" devem ocorrer no Congresso Nacional, onde projetos sobre o tema já estariam em discussão (Frente Parlamentar Mista em Defesa da Família e Apoio à Vida, 2017).[9]

As instituições que se manifestaram na ADPF nº 442 contra a descriminalização do aborto argumentam que a maioria da sociedade brasileira seria contra a prática. Apresentando estatísticas segundo as quais entre 80% e 68% da população reprovaria o aborto (Anajure, 2017),[10] sustentam que, diante de números como esses, não haveria lugar para discutir a descriminalização da prática, condenada pela vontade popular. Assim, apresentam o aborto como "indiscutivelmente" reprovável para a maior parte dos brasileiros, que constituem uma sociedade de maioria cristã: "A moral e a ética cristã estão alicerçadas na Bíblia Sagrada [...] e [...] tirar a vida de outrem [...] é atentado contra a lei (ética/moral) que viola o sexto mandamento do decálogo 'Não cometerás assassinato'" (Convenção Geral das Assembleias de Deus, 2018).[11]

Sendo assim, decisões do STF sobre o tema "usurpariam a atividade do Legislativo", como também violariam a vontade do povo (IDVF, 2017).[12] Essas violações, materializadas em discussões sobre a descriminalização do aborto e o casamento entre pessoas do mesmo sexo, deveriam ser corrigidas pelo Legislativo: os "erros" do STF "merecem retificação ao invés de ratificação do Congresso Nacional" (então deputado Diego Garcia, PHS-PR, PL nº 6.583/2013, 2015).[13] Espécie de corretivo, projetos que buscam a extinção do aborto legal, como o PL nº 2.893/2019, são apresentados por seus propositores como ferramentas para "pôr um freio no ativismo judicial do STF, que parece não conhecer limites em seu propósito de impor a nós, legisladores, a liberação do aborto baseada na interpretação, reinterpretação e — 'desinterpretação' [sic] subjetivista da Constituição" (Chris Tonietto e Felipe Barros, PSL-PR, PL nº 2.893/2019, 2019).[14]

Essa mesma linha de argumentação aparece nos debates travados no STF sobre regulação da maconha e discussão sobre gênero nas escolas. A descriminalização das drogas deveria ser submetida à deliberação popular, contando com a participação do Congresso (Feae, 2015).[15] O Judiciário também não deveria intervir nas discussões sobre a possibilidade de tratar temas de gênero e sexualidade nas escolas, pois "a maior parte da sociedade brasileira rejeita a ingerência estatal no que diz respeito ao ensino de preceitos que envolvam a moral e religião das famílias, e a ingerência também não se revela uma medida proporcional ao fim prosseguido [sic], visto que o propósito de inserir as teorias de gênero no ensino básico é o de promover um distanciamento dos pais em relação aos filhos" (Anajure, 2019).[16]

Na base de argumentos como esses está a noção de que apenas o Legislativo tem legitimidade para lidar com assuntos moralmente sensíveis como aborto, drogas e casamento entre pessoas do mesmo sexo, por ser o poder em que o "pluralismo político e o debate democrático" encontram "guarida".[17] Somente o debate no Legislativo garantiria a "legitimidade da maioria, resguardando-se os direitos das minorias" (Anajure, 2017 e IBDR, 2023).[18] Fora disso, teríamos medidas que ameaçam a democracia, como em 2011, quando o STF decidiu pela constitucionalidade do casamento homoafetivo. Naquela ocasião, o Judiciário "em flagrante rompimento com a ordem procedimental constitucional" teria praticado "um golpe à democracia e à representação majoritária, introduzindo, à revelia da lei, o fim da exigência de sexos diferentes para o casamento" (Garcia, 2015).

# Entre direitos e liberdades

## Liberdade religiosa, laicidade e laicismo

Nos casos em que se discute o papel da Igreja na sociedade e sua importância para o indivíduo, e sobre como o Estado deve — ou não — interferir na esfera religiosa, debate-se o sentido de "laicidade" e "laicismo". Uma definição de laicismo se refere à "relegação da expressão religiosa à esfera privada, banindo-a do espaço público e comunitário" (Anajure, 2019).[1] A expressão "laicismo" é por vezes utilizada como sinônimo para o termo "ateísmo", na medida em que um Estado "ateísta ou laicista" seria "adversári[o] da religião" (Centro Dom Bosco, 2021),[2] reservando a ela "desconfiança ou repúdio" (Anajure, 2021).[3] Já a "laicidade" é apontada como característica de um Estado em que "há separação entre igreja e Estado" (Anajure, 2021),[4] não há "uma religião ou entidade religiosa oficial" (Russomanno, 2019), e o Estado não interfere na "criação e funcionamento" das organizações religiosas (Anajure, 2019).[5]

Tanto manifestações que defendiam a retomada de atividades religiosas, a despeito de suspensões para contenção da pandemia de covid-19, quanto projetos sobre liberdade religiosa, definiram o princípio da laicidade como aquele que proíbe que uma religião específica seja beneficiada pelo Estado, ao mesmo tempo que garante a não interferência do poder público em qualquer atividade religiosa (IBDR, 2021).[6] Esse modelo, chamado de "laicidade colaborativa", concederia às religiões a "liberdade necessária" para "atuar em prol do bem comum" (IBDR, 2021).[7] Seria esse o modelo inscrito na Constituição de 1988 e adotado pelo "Estado brasileiro constituído 'sob a proteção de Deus'" (Centro Dom Bosco, 2021).[8]

Concebido nesses termos, o Estado laico passa a representar uma barreira contra as interferências estatais no exercício religioso, sob pena de ofensa ao princípio da laicidade. É esse o argumento utilizado nas ações que pretendem declarar inconstitucionais os decretos estaduais que determinaram o distanciamento social durante a pandemia de covid-19, afirmando que "a vedação total da realização de atividades religiosas implica em violação da laicidade estatal" (Anajure, 2021)[9] e são inconstitucionais normas que resultem em "menoscabo da religião ou mesmo sua supressão" (Centro Dom Bosco, 2021).[10]

A ideia de "laicidade" e sua distinção em relação ao "laicismo" (Anajure, 2021)[11] reaparecem nas discussões dos casos de interdição às agendas de gênero, diversidade sexual e regulação de drogas. Um dos documentos afirma que o Brasil optou por adotar um "sistema laico de organização estatal" em que há um "modelo de laicidade colaborativa", no qual se reconhece a "relevância nuclear" das religiões para o Estado democrático de direito (IBDR, 2023).[12] Esse sentido de laicidade é colocado em oposição ao "Estado ateu" (então deputado Eros Biondini, PL-MG, PL nº 8.035/2010, 2014) ou ao Estado "laicista" (IBDR, 2021; Associação Centro Dom Bosco, 2021).[13] Nos debates sobre o PNE, o tema é recorrente: "o Estado laico dá proteção a todas as pessoas para que vivam o que querem viver" (então deputado Marco Feliciano, PSC-SP, PL nº 8.035/2010, 2014).[14] Sendo assim, as opiniões dos cristãos não poderiam ser "achincalhadas", e estes não poderiam ser chamados de "fundamentalistas baratos" (Feliciano, 2014).

Com base nessa concepção de laicidade que enfatiza a proteção das religiões na esfera pública, algumas organizações argumentam que os interesses que defendem não se opõem à noção de Estado laico — pelo contrário, as pautas que repudiam é que trariam essa oposição. Nesse sentido, por exemplo, não a proibição do aborto, mas sua permissão é que feriria a laicidade do Estado: "no momento que o Estado brasileiro permite e incentiva o aborto [...] estará afrontando direta e frontalmente a sua própria laicidade", já que "a vida e a vida desde a sua concepção" estão entre os "principais valores de qualquer religião" (Anajure 2017).[15]

Em discursos contrários a menções à igualdade de gênero e à orientação sexual nas escolas, defende-se argumento semelhante. A oposição a esses temas, fundamentada em visões de mundo religiosas, não ofenderia a laicidade, pois está protegida pelo princípio do pluralismo político, também um pilar do Estado democrático de direito. Pelo contrário, "excluir dos debates públicos alegações com inspiração religiosa" é o que feriria o Estado laico, além de constituir "um raciocínio totalitário, que enxerga o fenômeno religioso como um inimigo a ser eliminado do espaço público" (Anajure, 2017).[16]

Para o Centro Dom Bosco, a liberdade de exercício da religião compõe o "mínimo essencial para a dignidade da pessoa humana" e não poderia ser proibida ou restringida (Centro Dom Bosco, 2021).[17] Uma intervenção na forma como se dá esse exercício — impedindo a realização de cultos presenciais durante a pandemia de covid-19, por exemplo — seria uma "violência contra a consciência" (Centro Dom Bosco, 2021).[18] A proibição de cultos presenciais é interpretada como uma violação do próprio exercício da fé e, portanto, da liberdade de religião: "se os fiéis entendem que nada é mais sagrado do que rezar na nave do templo, como o Judiciário poderá dizer que devem rezar em casa?" (IBDR, 2021).[19]

Essa interpretação alargada da liberdade de religião fundamenta uma visão segundo a qual deixar de regular ou restringir a expressão de crenças religiosas não equivaleria a conceder um salvo-conduto, a "colocar as igrejas, religiões ou líderes religiosos à margem da lei" (então deputado Eli Borges, Solidariedade-TO, PL nº 4.946/2019, 2019).[20] Seria simplesmente uma omissão adequada para garantir integralmente o princípio-direito à liberdade religiosa, além de "garantir a igualdade de tratamento" de líderes religiosos em relação a outros profissionais também "obrigados a emitir opiniões", como críticos literários e artísticos (então deputado Luiz Couto, PT-BA, PL nº 6.314/05, 2012), pois, "por mais polêmicas que sejam as opiniões professadas [...] não se pode querer silenciá-las por meio da criminalização do discurso" (então deputado Josué Bengtson, PTB-BA, PL nº 1.089/2015, 2015).[21]

## A esfera privada limitada

A ideia de liberdade é frequentemente mobilizada nos documentos sobre casos de interdição a agendas de gênero, diversidade sexual e regulação de drogas. Por um lado, defende-se que a liberdade de um indivíduo nunca é absoluta e pode ser limitada sob algumas condições. Por outro, defende-se que o Estado não interfira na esfera privada, na qual os limites de ação livre seriam maiores do que na esfera pública. As duas interpretações de liberdade, apesar de aparentemente antagônicas, coexistem nas manifestações analisadas.

A *limitação* da liberdade individual é defendida principalmente nos casos que discutem o direito ao aborto, mas aparece também quando se discute a possibilidade de descriminalizar o porte de substâncias psicoativas e quando se aborda a inserção de pautas sobre gênero nas escolas. Os grupos que se manifestaram nos casos analisados afirmam que "é impossível ao ser humano uma liberdade absoluta", pois, sem restrições, a liberdade e a autonomia "conduz[em] à anarquia", um estado social marcado pela ausência de solidariedade, em que cada indivíduo busca "impor a sua vontade a todos e a cada um dos outros" (Ujucasp, 2018).[22]

Exemplo dessa autonomia anárquica, "a teoria de gênero" buscaria "elevar a autonomia humana à condição de um dogma absoluto, irrefutável e imune a qualquer questionamento ou limitação", e, por isso, entre outros motivos, questões de gênero não deveriam ter lugar nas escolas. Identificar-se com gênero diferente do designado no nascimento seria o exercício de uma "autodeterminação ilimitada" dos indivíduos, que não poderia ter espaço em uma sociedade (Anajure, 2019).[23]

A limitação da liberdade ampara-se em motivos diversos. Atores que se opõem à descriminalização do porte de drogas para uso pessoal, por exemplo, chamam a atenção para o fato de que pessoas em conflito com a lei não poderiam, estando em uma unidade prisional, "invocar o direito constitucional à intimidade e vida privada" por conta de sua condição de pessoa presa. Ou seja, seria legítimo restringir direitos fundamentais "nas relações de sujeição especial, como é o caso dos presos" (Feae, 2019).[24]

Se no debate sobre regulação do uso de drogas a limitação da liberdade é justificada por uma característica da própria pessoa que usufrui desse direito, nos debates sobre aborto, a limitação da liberdade é justificada pelo direito do outro, uma vez que "a liberdade de cada indivíduo é assegurada legalmente até o limite da liberdade do outro" (Frente Parlamentar da Família e Apoio à Vida, 2018).[25]

De acordo com diversas manifestações analisadas, os direitos do outro devem ser respeitados, sobretudo nos casos em que haveria "dominação dos fortes sobre os fracos".[26] Um dos documentos diferencia "liberdade" de "libertinagem" ao afirmar que a segunda estaria configurada "quando a liberdade de determinado indivíduo invade a do outro". A libertinagem é então atribuída à mulher que "revela não se importar com as consequências que o seu comportamento pode ter sobre a vida do outro" (Frente Parlamentar da Família e Apoio à Vida, 2018).[27] Nessa linha, as manifestações contrárias à descriminalização do aborto afirmam não haver ponderação possível entre, de um lado, a "autonomia da vontade e a liberdade individual" (então deputado Marcos Rogério, PDT-RO, PL nº 478/2007, 2017),[28] e, de outro, a "imposição da pena capital a outro ser humano" (Rogério, 2017). Por isso, "não se pode conceber que a autonomia da vontade permita o assassinato" (então deputado Diego Garcia, Podemos-PR, PL nº 478/2007, 2018[29] e então deputado Emanuel Pinheiro Neto, MDB-MT, PL nº 478/2007, 2022).

A limitação à liberdade é considerada ainda necessária para a proteção da "integridade social" e a preservação dos valores da sociedade (Feae, 2015).[30] A mulher que decide fazer um aborto "é um membro de sua comunidade", que, ao tomar tal decisão, violenta "a vontade de toda a comunidade [...] e todos os valores que a impregnam" (Anajure, ADPF, 2017 e IBDR, 2023),[31] na medida em que a maioria da sociedade brasileira reprovaria o aborto.

Por fim, algumas organizações argumentam que a liberdade feminina deve ser subordinada à responsabilidade. Sendo a gravidez fruto de uma relação sexual consentida, e havendo diversos meios contraceptivos à disposição da população, não haveria razões para reivindicar o direito ao aborto, a não ser como tentativa de exercer a liberdade de forma deturpada, "para livrar-se de responsabilidades decorrentes" da liberdade sexual (ILIN, 2017).[32]

## A esfera privada soberana

Ao lado dessa defesa da limitação da liberdade, coexistem argumentos em favor da proteção da esfera privada como um âmbito de ação livre, inclusive sobre outras pessoas. "Direito natural reconhecido universalmente", o direito que os pais têm de que seus filhos "recebam a educação religiosa e moral que esteja de acordo com suas próprias convicções" (Garcia, 2015), por exemplo, é apresentado como parte central do direito à liberdade. Desse "direito natural" decorreria inclusive a ideia de "soberania parental" (Anajure, 2019)[33] em relação a determinados assuntos. Violar tal soberania seria uma "desvirtuação do papel do Estado", que estaria "extrapolando" sua esfera de atuação (Anajure, 2019)[34] ao incluir, por exemplo, conteúdos relacionados à diversidade sexual e à igualdade de gênero no PNE. Ou seja, o papel — que caberia aos pais e às famílias — de "construção de uma sociedade melhor e mais inclusiva" (então deputado Julio Cesar Ribeiro, Republicanos-DF, PL nº 4.019/2021, 2021)[35] deve ser exercido sem interferência de atores externos (Ribeiro, 2021).

Na defesa de um conceito restritivo de família, alguns parlamentares usam os limites do texto constitucional como justificativa:[36] "cada um escolhe seu próprio caminho, seu modo de amar e de ser amado, mas isso não gera o direito de impor um novo modelo, que extrapola o que está estabelecido textualmente na Constituição Federal" (Rogério, 2015). De acordo com esse raciocínio, apenas a família heteronormativa deveria ser regulamentada por estatuto próprio, pois apenas esse modelo estaria consagrado no texto constitucional. Assim, incluir configurações familiares que não são formadas por homens e mulheres no âmbito do PL nº 6.583/2013, que pretende estabelecer o Estatuto da Família, seria um contrassenso. O estatuto apenas disciplinaria algo já enunciado na própria Constituição, sem "excluir nem falar contra ninguém" (então deputado Evandro Gussi, PV-SP, PL nº 6.583/2013, 2015). Posicionamentos desse tipo, sobre a "família constitucional", não seriam baseados em "fundamentalismo religioso", e sim na necessidade de "preservação da ordem constitucional, preservação de princípios constitucionais e, mais do que isso, respeito ao texto objetivamente escrito da Constituição Federal" (Rogério, 2015). Frente a críticas e protestos contra conceitos excludentes de família, as manifestações analisadas apelam para a "rigidez do texto constitucional" e alertam: "o Supremo é intérprete da Constituição, não reformador constitucional", uma vez que a Constituição de 1988 "não lhe reserva competência para tal" (Rogério, 2015).

A família, "reconhecida na Religião como algo essencial à sociedade e merecedora de respeito por parte do Estado", é apresentada como "uma instituição merecedora de proteção e normatização", por ser "o centro do ensino, desenvolvimento e orientação do indivíduo sob a proteção de Deus" (Fonseca, 2014). Ela é, portanto, a "base da sociedade", sua "matriz geracional", o que seria evidenciado pela própria existência do direito de família, responsável por "favorecer condutas relevantes para a manutenção da sociedade civil, em harmonia com os valores de coexistência" (Garcia, 2015). Essas condutas não poderiam ser unicamente baseadas em afeto ou amor, pois "o afeto é uma realidade individual, interna, instável, tantas vezes avesso aos ideais e às virtudes sociais" (Garcia, 2015). As noções de família previstas no ordenamento jurídico que privilegiam o casamento e a união estável heterossexual seriam "Tábuas de Valores" milenares, que representam tudo aquilo que a "Humanidade" sempre considerou como "Família" e consagrou como seu bem. Aos legisladores, caberia "definir o que é o seu bem e o seu mal para a sociedade" (Associação Eduardo Banks, 2011).[37] A família — definida a partir dos valores cristãos — aparece, portanto, como elemento estabilizador das relações sociais.

O PL do Estatuto da Família define essa entidade como "o núcleo social formado a partir da união entre um homem e uma mulher, por meio de casamento ou união estável, ou ainda por comunidade formada por qualquer dos pais e seus descendentes" (então deputado Anderson Ferreira, PR-PE, PL nº 6.583/2013, 2013).[38] Nesses termos, exclui diversas configurações dos direitos assegurados a núcleos familiares, sob a justificativa de que são famílias somente as relações responsáveis por criar, "de modo natural, a comunidade humana" (Garcia, 2015).

A iniciativa seria uma resposta às "rápidas mudanças ocorridas em sociedade", que trariam "novos desafios" para as famílias brasileiras (Ferreira, 2013), como os ataques daqueles que querem "desconstruir a família, desconstruir o conceito, valorizando o divórcio, diminuindo o respeito da célula *mater* da sociedade" (Biondini, 2015). Diante dessas investidas, parlamentares favoráveis à proposta de lei se apresentam como defensores da Constituição e daquilo que seria "mais sagrado" e "o desejo da população brasileira": a família formada por homem e mulher (Biondini, 2015).

Assim, a decisão do STF na ADPF nº 132 e na ADI nº 4.277, que reconheceu a união homoafetiva, é criticada. Para os defensores do Estatuto da Família, a decisão é "equivocada", afronta a lógica interpretativa, e contraria todos os requisitos e motivos que foram postos pelo constituinte para proteger de maneira especial a família" (Biondini, 2015). Levando essa linha argumentativa ao limite, a restrição à união e ao casamento entre pessoas do mesmo sexo, emanada do "Poder Constituinte", seria "uma EXCEÇÃO [*sic*] à regra geral de igualdade, perfeitamente admissível no ordenamento, e desejável na sociedade, que não se constitui de bases de família diferentes da constituída entre pessoas de sexos diferentes". Isso se justificaria porque "duas pessoas do mesmo sexo não podem assumir, uma perante a outra, as funções de marido e esposa, ou de pai e de mãe" (Associação Eduardo Banks, 2011).[39]

No mesmo sentido, a adoção por casais homoafetivos é repelida, alegando-se que o "tema dos pares homossexuais formando famílias ainda não está pacificado na sociedade" (Fonseca, 2014). Reconhecer o "valor dos conceitos forjados por aqueles que nos antecederam na História" e "lapidaram, mediante reflexão, estudo e trabalho, institutos jurídicos vinculados à preservação do essencial para a vida em sociedade", implicaria manter a proteção constitucional restrita às "verdadeiras" famílias, protegidas desde 1937 por serem "a base da sociedade" (Garcia, 2015).

A estrutura familiar tradicional estaria em risco: nos documentos analisados, muito se alerta para a necessidade de proteger a família de ameaças como a "grave epidemia das drogas, que dilacera os laços e a harmonia do ambiente familiar"; a "violência doméstica"; a "gravidez na adolescência"; e a "desconstrução do conceito de família" por mecanismos como a "ideologia de gênero" (Ferreira, 2013). Esses mecanismos causariam a desvalorização da família e "do ser humano, como homem, como mulher" (Eurico, 2014).

## Direitos realocados

**DIREITO À VIDA**

"Mais basilar" e "mais importante dos direitos humanos" (então deputada Chris Tonietto, PL-RJ, PL nº 478/2007, 2022),[40] o direito à vida é constantemente invocado nos documentos de interdição a agendas de gênero. "Uma das ironias na defesa do aborto é que ele endossa o maior meio de se roubar das mulheres o seu direito mais básico — o direito à vida", argumenta-se (Cervi, s.d).[41]

Nos debates sobre a descriminalização do aborto, sustenta-se não haver incompatibilidade entre a Constituição de 1988 e a criminalização porque tanto a Constituição quanto os tratados internacionais dos quais o Brasil é signatário garantem o direito à vida (ILIN, 2017).[42] Diante disso, não haveria como argumentar que a tipificação do aborto nos termos do Código Penal é inconstitucional, pois, para "garantir o direito à vida, em todas as suas formas, inclusive desde a concepção, o legislador penal classificou a interrupção da gravidez, em todas as suas formas, como CRIME CONTRA A VIDA [*sic*]" (Associação de Famílias de Cascavel, 2017).[43]

Em manifestações na ADPF nº 442, construções que apontam o direito à vida como "o primeiro direito", "o mais fundamental" (Ujucasp, 2018), "o principal" direito da pessoa humana (IDVF, 2017) e mesmo um "direito natural" (Tonietto, 2022) são recorrentes. Compreendido como "inalienável e indisponível" (IDVF, 2017), o direito à vida também é apresentado como um direito absoluto, "não sujeito a debate" ou à possibilidade de ponderação (Ujucasp, 2018). Relativizar tal direito seria não apenas um equívoco, como também um perigo aos demais, pois "do direito à vida, decorrem todos os outros direitos fundamentais, inclusive, o direito à liberdade" (Frente Parlamentar da Família e Apoio à Vida, 2018). Sendo fonte de direitos fundamentais, o direito à vida é interpretado como o "maior bem a ser protegido pelo Direito" (Frente da Família, 2017). Por isso, opor-se à descriminalização do aborto seria não apenas defender o direito à vida dos nascituros, mas, em última instância, todos os direitos fundamentais, pois, "se for eliminado o direito à vida do nascituro, todos os seus outros direitos serão inexistentes" (Associação das Famílias de Cascavel, 2017).

Parlamentares e entidades que se opõem, no Judiciário e no Legislativo, à descriminalização do aborto, entendem que esse direito deve existir desde a concepção. Assim, os nascituros são compreendidos como sujeitos de direito — pessoas, para qualquer fim jurídico —, o que tornaria aborto e homicídio equivalentes. Ideias como essa estão na base da criação de um Estatuto do Nascituro, proposta que "defende a vida na sua essência", em comunhão com a "cultura da vida" e "em respeito às mulheres" (então deputado Pastor Eurico, PL-PE, PL nº 478/2007, 2022). Em nome dessa "cultura", seria preciso "avançar na consolidação das estruturas legais para rejeitar a ideia criminosa e absurda de que somente após vir à luz a pessoa pode ter direito pleno à vida" (então deputado Costa Ferreira, PSC-MA, PL nº 478/2007, 2013).

Amparados em tais argumentos, esses atores negam que interditem a descriminalização do aborto por crença religiosa. Na realidade, essa seria "uma questão do principal e primeiro direito humano, com reflexo no direito da coletividade nacional", pois, sem o "direito à vida, desde a fecundação até a morte natural", "nenhum dos demais direitos extracorpóreos existirá" (IDVF, 2017).[44]

Assim, não só a família heteronormativa e patriarcal estaria em risco; a ordem social como um todo seria ameaçada pelo avanço de pautas relacionadas a direitos sexuais e reprodutivos. Entre os vários argumentos que se opõem à descriminalização do aborto, a equiparação da prática a crimes como o homicídio, o genocídio e a tortura ganha destaque na ADPF nº 442. As qualificações são muitas. O aborto seria o "mais ignominioso de todos os crimes destinados à eliminação da vida humana" (IDVF, 2019);[45] "o homicídio mais antinatural que poderia forjar a capacidade humana"; a "matança" dos futuros filhos do país (Ujucasp, 2017);[46] o "genocídio" como método contraceptivo (Cervi, 2018).[47] Por trás delas, reside a ideia de que o aborto é uma "enfermidade social" (Adfas, 2018)[48] que deve ser energicamente combatida. Uma decisão favorável à descriminalização da prática poderia "criar uma mentalidade de menosprezo à vida" (Cervi, 2018).[49]

## DIREITOS SEXUAIS E REPRODUTIVOS

Ainda no campo das discussões sobre direitos fundamentais, o tema dos direitos sexuais e reprodutivos é ilustrativo de como se percebe o papel social das mulheres. Em algumas manifestações, a própria existência desses direitos seria uma falácia, "eufemismo utilizado para o aborto, sem nenhuma base na realidade brasileira", um conceito manipulado por razões ideológicas (IDVF, 2017).[50] Outra estratégia argumentativa é negar que a proibição do aborto atente contra os direitos reprodutivos ou a liberdade sexual das mulheres, uma vez que "uma gestação é exatamente uma prova cabal do desenvolvimento da sexualidade e da fruição de tais direitos" (ILIN, 2017).[51]

Além disso, uma vez que a vida é o mais importante dos direitos, a liberdade de escolha, a autonomia e os direitos sexuais e reprodutivos das mulheres, mesmo que tragam alguma proteção, não poderiam ser priorizados, à medida que a própria "dignidade da mulher está na geração da vida" e haveria razões "levianas" por trás da defesa da descriminalização do aborto, "como a busca do sexo sem compromisso e sem responsabilidade" (IDVF, 2018).[52] Assim, seria inadequado "extinguir a vida de um ser indefeso, para garantir a autonomia e a integridade psicofísica de uma mulher", e desproporcional "interromper a formação de uma vida, sob a justificativa da desigualdade de gênero e discriminação social" ou "para assegurar o direito sexual e (não) reprodutivo de sua mãe" (Anajure, 2023).[53] Os direitos das mulheres são considerados importantes apenas "enquanto estão em conformidade aos direitos fundamentais como um todo", incluídos aí os direitos do nascituro (Adfas, 2018),[54] de seu genitor, de seus familiares e o "direito coletivo da Nação brasileira" (IDVF, 2019).[55] Em muitos documentos, o genitor aparece como alguém que deve ter "sua dignidade preservada", assim como o nascituro (Ujucasp, 2017),[56] pois, se os direitos sexuais têm as mulheres como sujeito, o mesmo não pode ser dito dos *direitos reprodutivos*, que diriam respeito às "duas pessoas das quais os gametas foram necessários à fecundação" (Adfas, 2018).[57] A mulher não é "proprietária única do bebê" (IDVF, 2017)[58] e descriminalizar o aborto em nome da autonomia feminina levaria a um desfecho tão ou mais grave do que admitir a renúncia às responsabilidades paternas, pois esse tipo de renúncia não tem como decorrência "tirar o direito da genitora à maternidade (pela eliminação do feto)" (Podemos, 2018).[59]

## DIREITOS DOS VULNERÁVEIS

A necessidade de proteger grupos mais vulneráveis — nascituros, mulheres, crianças e adolescentes — é um argumento central na oposição a políticas de expansão de direitos relacionados às agendas de gênero e diversidade sexual. Os embriões surgem como o exemplo mais ilustrativo por sintetizarem uma ideia de vulnerabilidade aguda. Apresentam-se reiteradamente fetos ou embriões como seres vivos que sofrem e sentem dor,[60] além de serem "fracos", "indefesos", "minoritários", "insuficientes" (Adfas, 2017, Garcia, 2018).[61] Em um dos PLs analisados, as "crianças por nascer" são consideradas os "mais inocentes e indefesos seres humanos" (então deputada Chris Tonietto, PSL-RJ, PL nº 1.979/2020, 2020). Essa "impossibilidade de defesa do feto por si" exigiria dos "adultos" a defesa da vida "em toda sua extensão" (Convenção Batista, 2018).[62]

A fragilidade e a impossibilidade de autodefesa demandariam do Estado uma postura de proteção mais enfática, com base no paradigma da relação familiar: "como os pais protegem a vida de seus filhos após o nascimento, [...] e assim agem por imperativo natural, o Estado deve proteger o direito à vida do mais fraco" (Frente da Família, 2017).[63] O próprio direito teria um papel tradicional de proteção do mais fraco contra o mais forte: "o Direito sempre evoluiu no sentido de cuidar e proteger o mais vulnerável em face de quem [...] poder-lhe-ia causar mal irreversível" (Garcia, 2018). Seria então dever das instituições estatais "viabilizar mecanismos legais" para a proteção do nascituro. Dessa forma, seria evitado o império da "lei do mais forte" e a violência contra tais grupos (Garcia, 2018).

Além dos embriões, "o filho denominado de 'indesejado'" também deveria ser protegido. Assim, uma gravidez decorrente de estupro não faria com que o embrião deixasse de ser uma pessoa: o "fato de sua origem ter-se dado em meio a um crime" não desqualifica "a pessoa humana"; nessas situações "excepcionais", haveria "vulnerabilidade máxima da criança e da mulher" (Garcia, 2018). Caberia então ao Estado fornecer o "auxílio oportuno" para ambos, por meio de "um auxílio a ser pago [...] para as mães vítimas de estupro", além de assegurar "o direito à assistência pré-natal" e o "acompanhamento psicológico da mãe" (então deputado Antônio Bulhões, PRB-SP, PL nº 478/2007, 2018). Essas seriam formas de "minimizar os efeitos de uma violência tão traumática" e garantir "opções" ao nascituro e às mães (Garcia, 2018).

As mulheres, assim, também seriam um grupo vulnerável carente de proteção. Em lugar de protegê-las e lhes garantir a possibilidade de escolha, a descriminalização do aborto é vista como atentatória a seus direitos. Defender a descriminalização seria demonstrar descaso pela "saúde psicoespiritual da mulher, dando falsamente a entender que para a gravidez indesejada a única opção seria o aborto" (Conal, 2018).[64] "Um dos mais graves atentados contra a mulher" (então deputada Fátima Pelaes, PMDB-AP, PL nº 478/2007, 2014),[65] o aborto poderia gerar depressão, dores, problemas de fertilidade e culpa. Além das consequências físicas, a mulher estaria condenada "a viver enclausurada na triste memória do filho que 'livremente' exterminou" (Ujucasp, 2018).[66] Algumas organizações ainda argumentam que a medida levaria a uma "generalização do estupro" (IDVF, 2019).[67] Na justificativa de medidas mais radicais, como a proposta de extinguir qualquer tipo de aborto legal, a possibilidade de recorrer à interrupção da gravidez em caso de risco à vida da gestante é tratada como uma falácia: "nunca ocorre o caso em que o aborto é necessário para salvar a vida da gestante". Na realidade, "a morte do nascituro não traz benefício algum para a gestante", e a prática seria "tão selvagem que, além de condenar à morte um inocente, agrava o estado de saúde da gestante enferma" (Tonietto e Barros, 2019).

A pretensa vulnerabilidade das mulheres, unida à das crianças, também vira argumento no PL que proíbe a instalação de banheiros unissex: esses grupos seriam "as principais vítimas de crimes sexuais no país". Sendo assim, não seria possível permitir a criação de "nenhum tipo de lacuna que possibilite a atuação de criminosos sexuais". Associando pessoas LGBTQIA+ aos crimes sexuais, a proposta legislativa justifica, assim, por que os banheiros públicos inclusivos devem ser evitados (Fahur, 2021).

Nos projetos para proibir crianças e adolescentes de acessar tratamentos médicos disponíveis à população trans, o mesmo raciocínio aparece. Em "evidente estágio de formação" (senador Magno Malta, PL-ES, PL nº 441/2023, 2023),[68] e "em fase de construção da personalidade" (deputado Marco Feliciano, PL-SP, PL nº 994/2023, 2023), crianças e adolescentes deveriam ser protegidos. Vulnerável, esse grupo seria "sugestionável" e poderia ficar "refém" do que é considerado uma "moda": entender-se como pessoa transgênero (deputado Mario Frias, PL-SP, PL nº 269/2023, 2022).[69] Esse tipo de argumento sustenta que o Estado deveria atentar à "condição especial de desenvolvimento" desse grupo e impedir "tratamentos com efeitos imprevisíveis e [...] definitivos" na vida dessas pessoas (Malta, 2022).

A vulnerabilidade de crianças e adolescentes é usada para argumentar que a proteção desse grupo sempre deve ter prevalência frente a outros objetivos sociais desejáveis. Sendo assim, os "nobres propósitos de combater preconceitos" (Anajure, 2019),[70] ou a "necessidade de defesa de minorias vulneráveis" (Frias, 2022) — como as pessoas transgênero —, não justificariam "a prática de abusos contra crianças" ou o "desrespeito ao direito da família na formação moral dos filhos" (Anajure, 2019);[71] os direitos de minorias não deveriam ser considerados tão "merecedor[es] de atenção" por parte do Estado quanto a "vulnerabilidade da criança e do adolescente" (Frias, 2022).

Da mesma maneira, nos debates sobre PLs que pretendem impedir o uso de linguagem neutra, afirma-se necessário "proteger os alunos de tergiversação sem qualquer amparo científico e lógico", uma vez que o país já enfrentaria "diversas deficiências na aprendizagem" (deputado Roberto Duarte, Republicanos-AC, PL nº 450/2023, 2023). O uso dessa linguagem inclusiva para pessoas LGBTQIA+ também prejudicaria o aprendizado e a compreensão de outro grupo vulnerável, o de pessoas com deficiências, como dislexia, surdez e cegueira (deputado Coronel Chrisóstomo, PL-RO, PL nº 466/2023, 2023).[72]

Crianças e jovens também são alvo de preocupação nos debates sobre descriminalização da *Cannabis*, ainda que para fins medicinais. Nesses debates, sustenta-se que o "lobby" pró-maconha teria como objetivo "avançar sobre nossas crianças e jovens, para forjar uma clientela fiel e futura". As empresas buscariam introduzir a

*Cannabis* "na produção de doces, chocolates e bolos", produtos consumidos por crianças e jovens, "as maiores vítimas". Mencionam-se inclusive estudos que apontariam um aumento da "exposição pediátrica à maconha recreativa" nos Estados Unidos, reforçando o argumento de que a descriminalização do uso de tal substância colocaria as crianças em risco (Terra, 2021).

## NÃO DISCRIMINAÇÃO DISCRIMINATÓRIA

Ao defender determinado modelo familiar e tentar impedir a expansão dos direitos das pessoas LGBTQIA+, organizações e parlamentares apresentam argumentos para se resguardar da acusação de serem discriminatórios ou excludentes. No PL que pretende proibir crianças e adolescentes trans de acessarem os cuidados médicos necessários, por exemplo, afirma-se que essa medida "não obsta de forma alguma a garantia do acesso à saúde às pessoas adultas transexuais"; sua intenção seria simplesmente "assegurar que essa condição de transexualidade não seja precocemente imposta e incentivada" (Frias, 2022).

Da mesma forma que se argumenta não haver violação do direito à saúde em uma proposição como essa, a criação de um Estatuto da Família é comparada à criação do Estatuto da Criança e do Adolescente ou ao do Idoso: "quando foi aprovado o Estatuto do Idoso, quem era jovem então se sentiu excluído?". Nessa lógica, o estatuto trataria da "família constituída como base da sociedade", enquanto qualquer outro tipo de arranjo estaria "contemplado em outras coisas [...] como já foi dito aqui dessa união civil estável de pares homossexuais" (então deputado Flavinho, PSB-SP, PL nº 6.583/2013, 2015). Também não haveria dificuldade para casais homoafetivos reconhecerem sua união: o Poder Judiciário já "demonstrou não ter o menor sinal de má vontade" para tanto. Não haveria, portanto, homofobia ou discriminação, "apenas não se institucionalizou o 'oba-oba'" (Associação Eduardo Banks, 2011).[73]

Em algumas manifestações, a existência da homofobia é admitida e a necessidade de punição de práticas homofóbicas, reconhecida:

"homofóbico tem que ir preso, tem que ir para a cadeia", mas posicionamentos como não aceitar "que dois homens formam uma família ou que duas mulheres formam uma família" (então deputado Takayama, psc-pr, Estatuto da Família, 2015) estariam fora do escopo das práticas homofóbicas. A homofobia teria "a ver com a aversão à pessoa do homossexual, que seria destratada em razão de sua orientação" e homofóbico seria apenas quem "atua contra a pessoa homossexual". Sustentar que um casal de pessoas LGBTQIA+ não constitui uma família seria simplesmente "um ponto de vista", um exercício da liberdade e do direito individual (Garcia, 2015).

Alguns parlamentares e instituições contrários à expansão da agenda de diversidade sexual, apesar de reconhecerem a existência da homofobia, afirmam que medidas concretas para ampliar os direitos das pessoas LGBTQIA+ não alterariam esse quadro. Uma das manifestações analisadas sustenta que são "poucos" os homofóbicos, "que se comprazem em agredir e violentar homossexuais por causa de sua orientação sexual", e que o reconhecimento da união estável para casais LGBTQIA+ seria um "engodo", uma vez que tal transformação "não impedirá a atuação daqueles que optam pela truculência e recorrem a comportamentos violentos para rejeitar a opção ou orientação homossexual" (Associação Eduardo Banks, 2011).[74] Nesse mesmo sentido, a criação de banheiros unissex não diminuiria "os casos de hostilização, humilhação e outros tipos de violência contra a população LGBTQIA+". A transformação dessa realidade dependeria, na verdade, da educação dada "pelos pais e pela família" e não de uma "imposição" (Ribeiro, 2021).

# "Verdadeiras vítimas" e seus inimigos

Uma maioria perseguida pelas elites políticas e científicas, que vê seus direitos ameaçados pelo fortalecimento de minorias irrazoáveis. A partir dessa construção, que opõe uma maioria virtuosa e injustiçada pelos grupos contra os quais antagoniza — elites laicas, a população LGBTQIA+ e mesmo o Estado —, os *amici curiae* das ADPFs que discutem liberdade religiosa na pandemia utilizam-se de uma retórica que compara as disputas do presente às perseguições sofridas pelos cristãos no passado (Conplei, 2021).[1]

A retórica da vitimização é acionada também para conferir proteção especial a manifestações embasadas em crenças e/ou convicções religiosas. Tentativas de punição de discursos religiosos por serem ofensivos ou discriminatórios estariam sendo orquestradas por "parcela minoritária da sociedade brasileira" (Bengtson, 2015), restringindo tanto a liberdade de expressão quanto a liberdade religiosa. Daí a necessidade de iniciativas legislativas que garantam a imunidade de líderes religiosos ao se manifestarem sobre pautas morais como diversidade sexual, aborto e eutanásia, por exemplo.

Nesse sentido, a decisão do STF que equiparou a homofobia ao crime de racismo seria alarmante. Segundo o raciocínio sustentado na proposição do PL 4.946/2019, ela traria perigo a quem declara que uniões homoafetivas são pecado: expressar esse pensamento deixaria as pessoas à mercê da "interpretação do juiz, abrindo brecha para que fiéis e ministros sejam criminalizados por suas crenças e opiniões" (Borges, 2019).

Na justificativa do projeto da Lei Geral das Religiões,[2] a vitimização é explícita: o projeto seria necessário para defender as religiões, "acuadas pelas elites científicas e políticas laicas há quase trezentos anos". Diante do acordo entre a República Federativa do Brasil e a Santa Sé, firmado em 2008, as demais instituições religiosas "viram-se tratadas diferentemente" pelo Estado brasileiro (Crivella, 2016).

A criação de uma lei que proteja todas as religiões aparece, então, como instrumento de reparação dessas injustiças.

No debate sobre descriminalização do aborto, constroem-se imagens de inimigos perversos que vitimariam vulneráveis e toda a sociedade. Manifestações favoráveis ao procedimento são retratadas como "estratégias para desconstruir o nascituro como humano", encobertas por uma "retórica ideológica" que falseia a realidade, ocultando reais problemas (Garcia, 2018). A base dos posicionamentos pró-aborto seria o "gosto ideológico" e não as "razões técnicas" (Frente da Família, 2017).[3] Para concretizar tal "agenda ideológica", cultivada "desde os anos 1950", que "subverteu o original sentido dos direitos humanos", os atores pró-aborto teriam investido na "criação de inúmeras ONGs feministas (muitas delas mantidas com recursos externos)", engajadas na instalação de "um novo paradigma de saúde, de direitos humanos, de empoderamento das mulheres, de novos modelos de família, etc.", que ameaçaria as bases da sociedade (Associação Pró-Vida e Pró-Família, 2018).[4] Além disso, clínicas de aborto e a "indústria do sexo" agiriam em defesa da descriminalização do procedimento (Ujucasp, 2018).[5] "Por trás do aparente discurso humanitário" residiria um "claro interesse comercial, um negócio lucrativo"; estaríamos vendo um "novo colonialismo" no "financiamento, por clínicas internacionais de aborto, de grupos que trabalham para liberar o aborto na América Latina" (Movimento Brasil Sem Aborto, 2018).[6] Nas discussões sobre regulação da maconha medicinal, raciocínio semelhante: argumenta-se que os empresários se empenhariam na regulação da *Cannabis* buscando tão somente o lucro, "pouco importando as consequências sociais" (Terra, 2021).

Para além do oportunismo econômico, as discussões sobre descriminalização do aborto deveriam ser repelidas por estarem embasadas numa cultura de morte e descarte. É nessa chave que entidades e atores favoráveis à descriminalização do aborto — aqueles que legitimam "o assassinato intrauterino" — são retratados (Tonietto, 2022). Argumentos pró-aborto são comparados ao pensamento de "natureza racista, que o nazismo usou para fundamentar o direito de matar velhos e doentes" (Pelaes, 2014). Relacionada a "ideologias aplicadas por Hitler, Stalin, Mao Tsé Tung, Pol Pot, Fidel Castro, entre outros", a "agenda ideológica" que motiva a descriminalização do aborto seria nociva para o "povo e para a nação" (IDVF, 2017).[7]

Semelhantemente, a desconstrução da "ideia tradicional de gênero" como correspondente do sexo biológico seria operada "por meio de ações orquestradas nos mais diferentes níveis de atuação governamental, cultural e acadêmica" (Anajure, 2019).[8] Esse processo constituiria uma "ditadura velada" a bombardear "a cabeça das pessoas, impondo, sob a carapaça de tolerância, que práticas prejudiciais à sociedade e à saúde sejam banalizadas, massacrando todos aqueles que se impõem contra elas" (então deputado Heitor Freire, PSL-CE, PL nº 3.419/2019, 2019). Aponta-se que o Brasil "é um país laico, todavia de maioria cristã", e a ideologia de gênero seria um "problema" levado à frente pelo "marxismo de gênero", visando à "desconstrução da família e [à] desconstrução do pensamento da sociedade" (Feliciano, 2014).

# Realidade e ideologia

Algumas manifestações analisadas, especialmente sobre a saúde e o bem-estar de famílias, mulheres, crianças e adolescentes, se dizem lastreadas na realidade, enquanto acusam posicionamentos contrários de serem baseados em ideologias. Nessa linha de raciocínio, seria falso o "argumento de que a legalização [do aborto] provocaria diminuição da mortalidade materna", uma vez que a "questão de saúde pública é, certamente, muito mais complexa e diversos outros fatores podem intervir no fenômeno observado". Aqueles que defendem a descriminalização da interrupção voluntária da gravidez, distantes dos reais dados sobre saúde pública, mortalidade materna e aborto no Brasil, estariam criando "uma figura idealizada de 'aborto seguro'" (Ujucasp, 2017)[1] e se baseando em "pesquisas enviesadas" (IDVF, 2017).[2]

Argumenta-se que os dados apresentados na petição inicial da ADPF nº 442 não seriam sérios ou verdadeiros, mas orientados "por ideologia e para atingir a Igreja Católica" (IDVF, 2017).[3] Além disso, alega-se que a ideia de que a vida humana teria início a partir da formação do sistema nervoso central viria de um "juízo particular" de especialistas, pautada por uma "visão filosófica-ideológica [sic] da vida" que deveria ser respeitada, mas não tem "qualquer evidência científica" (Conal, 2017).[4] Para desqualificar as posições de seus antagonistas, entidades antiaborto questionam a veracidade e a seriedade de estudos que apresentam dados sobre aborto no país. Afirmam que pesquisas devem buscar compreender a vida humana em toda sua longevidade e implicação, e se afastarem de mentalidades "abortistas" (Convenção Batista Brasileira, 2018).[5]

O apelo à ciência se repete nas discussões sobre adoção por casais homoafetivos, regulação da maconha medicinal e ideologia de gênero. Uma das manifestações em defesa do Estatuto da Família afirma, por exemplo, que "a despeito de ter sido retirado o termo homossexualismo da relação de doenças da OMS há 21 anos, tal atitude não proveio de estudos científicos cabais que fizessem considerar tal comportamento como normal" (Fonseca, 2014). Argumentações desse tipo são enquadradas como despidas de "qualquer preconceito" e buscariam apenas um conceito de família "alicerçado em análise científica e comportamental, analisando trabalhos científicos" (Fonseca, 2014).

Nos debates sobre a descriminalização da *Cannabis*, argumenta-se "que não existe maconha medicinal", uma vez que apenas uma das centenas de substâncias da erva teria eficácia medicinal por comprovação científica. Portanto, não haveria razões para permitir a comercialização de medicamentos à base da planta. Além disso, esse uso "já est[aria] suficientemente regulamentado pela Anvisa" (Terra, 2021).

A retórica de denúncia da ideologia aparece em tons semelhantes nas discussões sobre linguagem neutra e gênero no Legislativo. No PL nº 446/2023, por exemplo, o autor do projeto fala da linguagem neutra como uma deturpação ideológica da língua portuguesa. Sua adoção nas escolas seria uma "verdadeira bagunça de ideologias contrárias aos bons costumes adquiridos durante séculos no Brasil", uma tentativa de determinados setores da sociedade dominarem o pensamento e ação dos cidadãos pelo controle da fala para, então, aliená-los (Chrisóstomo, 2023).

A oposição à chamada "ideologia" ou "teoria de gênero" também recorre a argumentos de validação científica. O argumento desdobra-se na afirmação de que "a teoria de gênero não sobrevive ao seu próprio crivo": se as noções tradicionais de masculinidade e feminilidade são consideradas meras construções sociais aprendidas, não seria a própria teoria do gênero "mera construção social fruto da pós-modernidade", carente de "substrato científico"? Ou seja, haveria "muitas lacunas, incongruências e contradições pelas quais a teoria de gênero desfalece", logo, não seria "razoável e prudente adotar e aplicar nas escolas brasileiras uma corrente teórica que, embora avoque para si o posto de verdade absoluta, é desprovida de qualquer comprovação biológica/científica" (Anajure, 2019).[6]

# As direções da "Bíblia"

Os documentos analisados — justificativas de propostas legislativas e debates em plenário, além de manifestações em ações no STF — são representativos de estratégias argumentativas diversas, mas que convergem para algumas direções do conservadorismo de viés religioso no Brasil.

Argumentos que enfatizam a importância da Igreja, listando seus papéis políticos e sociais, atravessam os discursos. À religião se atribui tanto um papel de auxiliar do Estado — preenchendo lacunas nas áreas da educação, da saúde e da assistência social, por exemplo — quanto funções espirituais, tranquilizando e confortando as pessoas em tempos de crise. A defesa das funções não espirituais ocorre no contexto das parcerias e convergências entre o neoliberalismo e o neoconservadorismo: ao lado de políticas que diminuem serviços públicos e enxugam o orçamento estatal, reside um incentivo para que entidades privadas guiadas por valores religiosos conservadores exerçam tais funções.[1]

O debate sobre as dimensões do Estado democrático de direito, dos direitos fundamentais e das liberdades individuais toma corpo em argumentos sobre laicidade, liberdade religiosa e direito à vida. A discussão sobre o papel da Igreja para a sociedade e para o indivíduo e sobre como o Estado deve — ou não — interferir nesses planos se desdobra em um debate sobre o sentido da laicidade. O princípio da laicidade proibiria o Estado de beneficiar uma religião específica, ao mesmo tempo que garantiria a não interferência desse mesmo Estado em qualquer atividade religiosa. Noções como liberdade de expressão e de consciência são interpretadas como dimensões da liberdade religiosa a partir de uma perspectiva de defesa da esfera individual ou privada. Se, por um lado, defende-se que a liberdade de um indivíduo nunca é absoluta (como nos casos da liberdade sexual e reprodutiva) e pode ser limitada sob algumas condições — em nome do bem comum, dos bons costumes, da família e da proteção às crianças —, por outro, entidades religiosas argumentam, a depender do tema em debate (como a liberdade de culto), a favor da não interferência do Estado na esfera privada.

Para além de abster-se de interferir na esfera privada em alguns casos, o Estado teria um papel ativo de manter certa ordem natural. O direito à vida, o princípio da dignidade da pessoa humana — entendida como tal desde o momento da concepção — e a manutenção de estruturas como os papéis tradicionais de gênero e o casamento heteroafetivo estruturariam essa ordem, conformando aquilo que os atores compreendem como parte da natureza, da tradição e da vontade divina. Há aqui elementos centrais do que a literatura trata como conservadorismo clássico,[2] mas também dimensões neoconservadoras.[3] Segundo esse raciocínio, para impedir a sociedade de colapsar é preciso preservar, além do direito positivo, as leis naturais e os mandamentos divinos.

A família, elemento recorrentemente invocado, é apresentada como a base dessa ordem social, natural e divina: no seio dela, a obediência, o respeito e os bons costumes são ensinados. A ideia de que decisões contrárias a essa gama de valores ameaçam a ordem social é utilizada pelos atores do campo em todas as disputas analisadas. A preservação da ordem social — que seria "naturalmente" composta de valores cristãos — demandaria a rejeição de medidas como a descriminalização do aborto, a adoção de banheiros unissex e a linguagem neutra, a oficialização de casamentos e uniões estáveis entre pessoas do mesmo sexo e a descriminalização da *Cannabis*. Permitidas, essas e outras mudanças comprometeriam o funcionamento dos serviços públicos, a saúde das mulheres, o bem-estar e a segurança das crianças, o futuro do país, a ordem democrática e, no limite, a própria ordem social. Nada mais natural, portanto, do que buscar repeli-las.

Tanto nas disputas sobre expansão da liberdade religiosa quanto nos embates sobre as agendas de igualdade de gênero, direitos sexuais e reprodutivos, diversidade sexual e regulação de drogas, o direito e a linguagem jurídica ganham centralidade como "arena" e "estratégia".[4] A partir da oposição de uma maioria virtuosa e injustiçada pelos grupos contra os quais antagoniza — elites laicas, movimentos feministas, população LGBTQIA+, e mesmo o Estado —, atores e entidades cristãs conservadoras e seus aliados laicos utilizam-se de uma retórica que chega a comparar as disputas que travam no presente a perseguições sofridas pelos cristãos no passado. Assim, reclamam para si e para grupos vulneráveis, dos quais se apresentam como protetores — nascituros, crianças e adolescentes, por exemplo —, uma gama de direitos que consideram negligenciados. Dentre eles, destacam-se a liberdade religiosa e o direito à vida. No primeiro caso, como aponta Wendy Brown, estamos diante de um movimento que, ao reclamar a liberdade dos cristãos de exercer sua fé, parece entender a liberdade religiosa não apenas como uma liberdade privada, mas moldá-la como uma "força pública".[5] No segundo, visualizamos aquilo que tanto os trabalhos dedicados à análise do conservadorismo evangélico[6] quanto os estudos sobre o conservadorismo católico[7] têm entendido como ponto de inflexão no ativismo desses grupos religiosos: a reação contrária a demandas pela expansão dos direitos sexuais e reprodutivos.

Outra dimensão dessa autoimagem diz respeito ao alinhamento dos grupos do conservadorismo evangélico com a verdade científica; como nos argumentos das áreas da "bala" e do "boi", o apelo à ciência é largamente utilizado. Esse tipo de recurso, como notado pela literatura, ganhou corpo entre as estratégias do ativismo religioso conservador nas últimas décadas.[8] Supostamente isentos e compromissados com a ciência, esses atores reivindicam o direito de sustentar visões de mundo diversas e o respeito ao pluralismo. A sobreposição dessas imagens de cientificidade e pluralismo serve de justificativa para a ampliação dos direitos das igrejas e de ministros religiosos, a fim de garantir liberdade irrestrita para professarem seus valores.

Ativistas pró-aborto, comunidade LGBTQIA+, organizações de defesa dos direitos humanos, feministas, indivíduos e instituições que advogam pela regulação de drogas — e até mesmo o Judiciário — são antagonizados, retratados como grupos ideológicos a serem combatidos. Sem compromisso com a verdade ou com o bem-estar social, aqueles que demandam a expansão dos direitos sexuais e reprodutivos, políticas pela promoção da igualdade de gênero e efetivação dos direitos da população LGBTQIA+ seriam, na realidade, guiados por interesses escusos (inclusive financeiros), que ameaçariam as crianças, a família e a ordem social e política. Esses opositores também seriam os verdadeiros preconceituosos e discriminadores, enquanto os religiosos seriam de fato as vítimas de perseguições, mentiras, preconceitos e discriminações.

**Cultura política
democrática
na trincheira
dos direitos**

> [A]s regras e categorias jurídicas penetram em todos os níveis da sociedade, efetuam definições verticais e horizontais dos direitos e status dos homens e contribuem para a autodefinição ou senso de identidade dos homens. Como tal, a lei não foi apenas imposta de cima *sobre* os homens: tem sido um meio onde outros conflitos sociais têm se travado. [...]
>
> [A lei é] um código consciente e elaborado, justificado em nome de um valor humano universal. [...] Apenas quando seguimos pelos intrincamentos do seu funcionamento é que podemos mostrar o que valia, como foi distorcido e como seus valores declarados foram falsificados na prática.[1]

Proteção da vida, da paz social, da segurança, de grupos vulneráveis, do acesso a empregos e à alimentação. Todos esses pontos que aparecem nas argumentações analisadas neste livro são, em termos abstratos, consensos entre sujeitos de qualquer espectro político. É normal que argumentações jurídicas sejam baseadas em tais referências comuns, já que o direito constitui e ocupa o espaço de compartilhamento de valores em uma comunidade política. O que há de particular nas manifestações que analisamos são as consequências extraídas de tais referências compartilhadas. Em seus contextos discursivos, os sentidos comuns se transformam e tomam direções inesperadas.

A "lei da bala, do boi e da Bíblia" é construída a partir do repertório compartilhado da cultura política. Essa "lei" traça múltiplos caminhos jurídico-argumentativos que convergem em tendências conservadoras ou reacionárias ao construírem diagnósticos de conflito e caos social e representarem os protagonistas de cada campo — "bala", "boi" e "Bíblia" — como vítimas desses processos de desordem.

As manifestações da "Bíblia" projetam uma ordem moral centrada na religião como base da cultura nacional e na Igreja como prestadora histórica de serviços sociais. A liberdade religiosa ganha prioridade, enquanto a família assume função concêntrica de proteção — em discursos que apresentam mulheres, crianças e fetos como figuras vulneráveis.

Os atores da "bala" partem de um diagnóstico de insegurança e medo em relação à violência dos "bandidos". Nesse cenário, a solução seria armar a população e reforçar a atuação valorosa das polícias por meio de mais benefícios corporativos e menos controle sobre o uso da força. Em nome da ordem econômica, os discursos do "boi", por sua vez, priorizam a propriedade privada e projetam a produção agrícola como propulsora do desenvolvimento nacional. Assim, os agentes conservadores e reacionários desse campo desqualificam direitos e demandas que se coloquem como obstáculos à produtividade — a exemplo da proteção a povos indígenas e ao meio ambiente.

Os discursos procuram ora reverter diagnósticos negativos do presente, ora evitar cenários hipotéticos; em ambos os casos, aponta-se a corrupção moral ou o caos social. A única solução para retomar o controle da segurança pública, por exemplo, seria redobrar a força e o punitivismo. A criminalização do aborto e a proibição de discussões de gênero e sexualidade em escolas são vistos, por parte do pensamento conservador religioso, como vias de salvar as famílias e a própria sociedade de uma hipotética corrupção. Mudar a regularização fundiária levaria à perda de propriedade privada tanto no campo quanto na cidade. Limitar a expansão agrícola em prol das proteções ambientais e de povos indígenas levaria à fome e ao desemprego no país.

Ao traçar esses diagnósticos e autoimagens, os discursos analisados criam também imagens fragmentadas de quem é o sujeito a ser protegido e de quais são os direitos a serem alocados. É a própria linguagem do direito — em oposição a seu ideal universalista — que dá ferramentas para que conservadores e reacionários elejam quem deve ser protegido e afastem os interesses de seus "antagonistas". Com leituras direcionadas ao direito à vida e à legítima defesa, agentes da "bala" criam uma espécie de trincheira de direitos ao redor da figura do "cidadão de bem" que se arma. Fortificados por interpretações da "segurança jurídica", garantem a presunção de legitimidade e excludentes de ilicitude para ações violentas. Já os atores da "Bíblia" reinterpretam a laicidade para construir sua trincheira com a liberdade religiosa. Assim, protegem um núcleo familiar imaginado em termos tradicionais e atacam configurações divergentes.

A esfera privada, que envolve questões de gênero e liberdade sexual, é restringida em prol da soberana "constituição" familiar e do poder parental. Na área do "boi", o direito à propriedade e à legítima defesa são os materiais com que se constroem trincheiras ao redor dos produtores rurais, retratados como "bons pastores" de suas terras — contra a "violência" do campo por quem demanda limitações à propriedade.

O direito é via de mão dupla: ao mesmo tempo que tem de se referir ao mundo experimentado pelos seus articuladores, *molda* esse mesmo mundo pela representação que faz dele. Se os sujeitos protegidos pelas trincheiras dos direitos são alçados à centralidade social (conectada a ideais de moralidade, produtividade e ordem), outros sujeitos se tornam coadjuvantes ou são reduzidos a estereótipos. Exemplo disso são as mulheres, vistas em alguns discursos apenas como vítimas sexuais ou em seu papel reprodutivo na entidade familiar tradicional. Outros, ainda, são meros antagonistas cujos direitos não devem ser priorizados — caso dos indígenas.

Esses discursos separam o que é "realidade" de "ideologia" costurando os diagnósticos e as teses jurídicas de cada campo. Na área da segurança pública, por exemplo, atores conservadores veem um "mito" no Estatuto do Desarmamento. Questionam a própria denominação e seu sentido, e afirmam que a realidade histórica e jurídica é outra: em vez de "Estatuto do Desarmamento", o "Estatuto das Armas de Fogo" teria como objetivo "desburocratizar" a política de controle de armas, conforme os decretos de Bolsonaro. Muitas vezes, os atores ruralistas dizem conhecer a "realidade do campo", enquanto outras posições e políticas estariam mal informadas (porque enxergam do ponto de vista urbano) ou enviesadas. Dados "científicos" também aparecem tanto na pauta armamentista quanto em articulações contra o aborto, as drogas e a diversidade de gênero — cujos contrapontos são categorizados como manipuladores. Nos três campos, imprensa, organizações não governamentais e movimentos sociais são identificados como ideológicos.

Elementos centrais do repertório da cultura política se misturam a essas imagens e contraimagens. A própria "estabilidade do Estado de direito" dependeria da proteção à propriedade rural, mesmo quando suas limitações servem à proteção ambiental e aos direitos indígenas.

A descriminalização do aborto desrespeitaria a "soberania popular", já que, nessa visão, a suposta reprovação da prática por uma maioria da população teria mais relevância que a proteção constitucional das minorias. Algo similar é articulado na área da segurança pública: o Judiciário violaria a separação de poderes por avaliar a atuação da PM, mesmo que esteja em jogo o respeito das forças públicas aos preceitos constitucionais.

Ao descrever os caminhos argumentativos nos espaços institucionais do Legislativo, Executivo e Judiciário, os mapas traçados nos capítulos deste livro passam por pontos de referência da cultura política democrática — diversos direitos e liberdades, além de garantias constitucionais basilares, como a laicidade do Estado, a separação de poderes e a soberania popular. Se nos discursos da "bala", do "boi" e da "Bíblia" tais elementos referenciais constituem vetores conservadores e reacionários, são esses mesmos elementos que, em vetores de sentido contrário, podem guiar respostas no espaço da ação política.

Os contravetores ao conservadorismo e ao reacionarismo passam necessariamente por articular um sentido de laicidade que protege a liberdade religiosa, mas também garante o pluralismo, não exclui formações familiares ou reduz os papéis de seus integrantes a sua capacidade reprodutiva, e garante a liberdade sexual como parte da identidade individual. Estão ainda na oposição à imagem de propriedade privada "soberana", que formaliza concepções neoliberais de vida em conjunto. O uso da linguagem de direitos para priorizar a proteção de esferas individuais intocáveis rivaliza com a pauta de combate a desigualdades, como se esta não fosse também uma pauta de garantia de direitos. Revelar essa falsa oposição é condição premente para robustecer respostas institucionais à crise climática e à discriminação histórica contra povos indígenas. Os contravetores devem enfrentar também as disputas sobre os sentidos do direito à vida e suas formas de defesa: são necessárias articulações que respondam de forma bem fundamentada ao apelo da violência como resposta à violência, ao ciclo que conhecidamente se alia a padrões autoritários na sociedade e no Estado brasileiros.

Nesses contravetores, apresentados aqui apenas de forma exemplificativa, está parte crucial da resistência contra a complexa maré das várias ondas do conservadorismo. A linguagem de direitos e liberdades é o recurso comum de uma comunidade política para expressar consensos que fortaleçam substantivamente a democracia, permitindo a discordância inclusiva. Não é possível abdicar desse recurso nem supor que não seja necessário disputar seus sentidos. O potencial democrático da "lei" é, afinal, ser fruto de uma (re)imaginação que compõe a própria realidade política. A disputa pelos sentidos da "lei" é uma disputa cumulativa pelas direções da cultura política na atualidade do país.

# Agradecimentos

Agradecemos a Conrado Hübner Mendes, Danyelle Reis Carvalho, Fernando Romani, Juliana Bossardi, Luisa Mozetic Plastino, Marina Slhessarenko Barreto, Teresa Harari Alves de Araujo e Thiago Vasconcelos Rodrigues, que integraram as equipes responsáveis por fases anteriores desta pesquisa no Centro de Análise da Liberdade e do Autoritarismo (LAUT). Sua contribuição, assim como a de colegas do LAUT e de organizações parceiras, foi fundamental para levantar os principais desafios de estudo do tema no Brasil e buscar vias de análise acadêmica.

Em diferentes momentos da pesquisa, contamos com sugestões generosas da equipe do Instituto de Estudos da Religião (Iser) sobre formas de análise do campo religioso, e de pesquisadores do grupo de pesquisa Desigualdades e Justiça (DesJus), do Cebrap, sobre abordagens conceituais para o conservadorismo e o autoritarismo no país. Carolina Ricardo e Caio Pompeia gentilmente acolheram nossas consultas sobre segurança pública e agronegócio. Com o valioso apoio da Fundação Friedrich Ebert (FES), tivemos a oportunidade de discutir resultados preliminares em um evento que reuniu especialistas da sociedade civil e da academia nas áreas de segurança pública, religião, gênero e sexualidade, meio ambiente e agronegócio no Brasil.[1] Integraram essa discussão Ana Carolina Evangelista, Caio Pompeia, Carolina Ricardo, Daniel Hirata, Flávia Biroli, Flavia Rios, Isabela Kalil, Jacqueline Moraes Teixeira, Jonas Medeiros, Letícia Cesarino, Marcio Astrini, Marcos Nobre e Odilon Caldeira Neto, a quem agradecemos pela interlocução e por ajustes da pesquisa que se refletem neste livro.

Agradecemos a Iara Crepaldi, Karla Monteiro e Tereza Novaes pela edição de materiais preliminares da pesquisa, que permitiu vias mais claras e acessíveis para a comunicação de seu conteúdo. Agradecemos também a Rafaela Toledo e Débora Donida da Fonseca pelo trabalho cuidadoso de checagem de dados. Pelas sugestões e edições finais a este livro, somos muito gratas a Heloisa Helvécia e a toda a equipe da Tinta-da-China Brasil.

Durante o processo de construção, desenvolvimento e publicação desta pesquisa em livro, tivemos o apoio da Fundação Tide Setubal e de sua equipe, à qual agradecemos pela parceria e por compartilhar da confiança na pesquisa como via de reflexão e transformação.

# Notas

## PREFÁCIO

1 LEVITSKY, S.; WAY, L. A. "Democracy's Surprising Resilience". *Journal of Democracy*, v. 34, n. 4, 2023, pp. 5-20. Disponível em: <https://www.journalofdemocracy.org/articles/democracys-surprising-resilience/>.
2 MELO, M. A.; PEREIRA, C. "Why Didn't Brazilian Democracy Die?". *Latin American Politics and Society*, First View, 2024, pp. 1-24.
3 CAMAROTTO, M. "Under Attack from so Many Quarters, Press Freedom in Brazil is Now Threatened by some Judges Too". *Reuters Institute*, 9 abr. 2024. Disponível em: <https://reutersinstitute.politics.ox.ac.uk/news/under-attack-so-many-quarters-press-freedom-brazil-now-threatened-some-judges-too>.
4 DIRESTA, R. *Invisible Rulers: The People Who Turn Lies Into Reality*. New York: Public Affairs, 2024.
5 HARRIS, B. "Anatomy of a Coup Plot: How Brazil's Bolsonaro Tried to Cling to Power". *Financial Times*, 10 fev. 2024. Disponível em: <https://www.ft.com/content/97582a42-cad7-467a-8f52-9b02d6d5dc16>.
6 *Project 2025: Presidential Transition Project*. Disponível em: <https://www.project2025.org/>.
7 HARRISON, C. "A Timeline of Mexico's Judicial Reform and Elections". AS/COA, 23 set. 2024. Disponível em: <https://www.as-coa.org/articles/timeline-mexicos-judicial-reform-and-elections>.
8 Cf. MANCINI, S.; ROSENFELD, M. (Orgs.). *The Conscience Wars: Rethinking the Balance between Religion, Identity, and Equality*. Cambridge: Cambridge University Press, 2018.
9 ÇALI, B. "Autocratic Strategies and the European Court of Human Rights". *The European Convention on Human Rights Law Review*, v. 2, n. 1, 2021, pp. 11-19.

10 BÚRCA, G. DE; YOUNG, K. G. "The (Mis)appropriation of Human Rights by the New Global Right: An Introduction to the Symposium". *International Journal of Constitutional Law*, v. 21, n. 1, 2023, pp. 205-07.
11 Ibid., p. 213.
12 MÉGRET, F. "Human Rights Populism". *Humanity: An International Journal of Human Rights, Humanitarianism, and Development*, v. 13, n. 2, 2022, p. 240.

## INTRODUÇÃO

1 SCHEINGOLD, S. *The Politics of Rights: Lawyers, Public Policy, and Political Change*. Ann Arbor: University of Michigan Press, 2004, p. 3, tradução nossa. No contexto jurídico, a tradução mais comum do termo "*law*" é "direito", pois frequentemente designa a disciplina, a prática e o sistema jurídico em geral. Em diálogo com o título do livro, optamos aqui pelo cognato "lei" — que também é usado em português, especialmente na linguagem coloquial, para se referir a todo o direito.
2 "Linhas de força" é uma expressão que enfatiza a falta de uniformidade das ações e dos atores políticos em uma "onda conservadora" — daí sua adoção para designar o que resulta de "processos sociais [...] desiguais, assimétricos e com temporalidades distintas". ALMEIDA, R. "A onda quebrada: Evangélicos e conservadorismo". *Cadernos Pagu*, n. 50, 2017, p. 25. Essa designação também permite — como pretendemos aqui — destacar as direções da prática de interpretações jurídicas e suas repercussões no regime político, para além do ponto de partida e do ponto de chegada de uma controvérsia jurídica. Nesse sentido, ver: KENNEDY, D. "Authoritarian Constitutionalism in Liberal Democracies". In: ALVIAR GARCÍA, H.; FRANKENBERG, G. (Orgs.). *Authoritarian Constitutionalism*. Northampton: Edward Elgar Publishing, 2019, p. 164. Na análise de Duncan Kennedy sobre o embate entre autoritarismo e republicanismo, ambos são considerados "forças" que empurram a linguagem constitucional e sua interpretação em uma ou outra direção.
3 A expressão "onda conservadora" é relativamente imprecisa para designar o fenômeno a que se refere, mas é suficiente para nossos propósitos de nos situarmos nos debates sobre um processo já consensualmente

aceito como definidor da realidade política brasileira contemporânea: o processo de consolidação, expansão e impacto crescentes de diversas correntes situadas à direita do espectro político, inclusive correntes extremistas. ALMEIDA, R., op. cit.

4  SCHEPPELE, K. L. "Autocratic Legalism". *The University of Chicago Law Review*, v. 85, n. 2, pp. 545-83, 2018.
5  BÚRCA, G.; YOUNG, K. G. "The (Mis)Appropriation of Human Rights by the New Global Right: An Introduction to the Symposium". *International Journal of Constitutional Law*, v. 21, n. 1, pp. 205-23, 2023.
6  LOUGHLIN, M. "The Contemporary Crisis of Constitutional Democracy". *Oxford Journal of Legal Studies*, v. 39, n. 2, pp. 435-54, 2019.
7  Usamos aqui a formulação de Marcos Nobre sobre as noções de modelo de sociedade, especialmente "cultura política": "Modelo de sociedade, cultura política são formas enraizadas na vida social, nas instituições políticas formais, na economia, no cotidiano. São noções que balizam visões de mundo, que legitimam a maneira como se distribuem riqueza, poder, recursos ambientais, reconhecimento social. Um modelo de sociedade não é apenas um programa econômico nem somente uma maneira determinada de entender a política, mas um padrão de regulação social mais amplo. E essa maneira abrangente de regular a vida social se expressa em uma cultura política determinada". NOBRE, M. *Imobilismo em movimento: Da abertura democrática ao governo Dilma*. São Paulo: Companhia das Letras, 2013, p. 22. Nesse sentido, a democracia, mais do que simplesmente um conjunto de instituições ou práticas formais — como eleições livres e periódicas —, também se faz presente em determinados aspectos de uma cultura política e de um modelo de sociedade.
8  Em torno da noção de "mobilização do direito" consolidou-se um campo especializado dos estudos sociojurídicos. Para uma discussão sobre essa literatura, ver: FANTI, F. "Movimentos sociais, direito e Poder Judiciário: Um encontro teórico". In: ENGELMANN, F. (Org.). *Sociologia política das instituições judiciais*. Porto Alegre: Editora da UFRGS, 2017, pp. 241-74. Um marco inicial definidor para o campo é o livro de que extraímos a epígrafe desta introdução. Ver: SCHEINGOLD, S., op. cit.
9  No campo de estudos sobre mobilização de direitos, joga-se luz sobre o ativismo de grupos conservadores em trabalhos como: DECKER, J.

*The Other Rights Revolution: Conservative Lawyers and the Remaking of American Government*. Nova York: Oxford University Press, 2016. Na linha sociológica, com foco nos profissionais do direito no Brasil: FONTAINHA, F.C. et al. O. "Os juristas da bala, do boi, e da bíblia: Outros usos e mobilizações políticas do Direito?". In: XLV Encontro Anual da Associação Nacional de Pós-Graduação e Pesquisa em Ciências Sociais, 2021, [s.l.]. *Anais*... [S.l.]: Biblioteca Virtual da Anpocs, 2021. Recentemente, o caráter regressivo do ativismo de direita em relação aos direitos (especialmente de minorias) vem sendo explorado na literatura internacional, como em: GLOPPEN, S. "Conceptualizing Abortion Lawfare". *Revista Direito GV*, v. 17, n. 3, 2021; PAYNE, L.A.; ZULVER, J.; ESCOFFIER, S. *The Right Against Rights in Latin America*. Oxford: Oxford University Press, 2023. Neste livro, tomamos como base os trabalhos que exploram (por vezes, indiretamente) essas temáticas ao tratar de áreas específicas da atuação conservadora.

10 KENNEDY, D., op. cit., p. 161.

11 "Como as ideologias, as ordens constitucionais contemporâneas reais — consideradas próximas do ponto mais liberal, democrático ou republicano do espectro — são incoerentes e incompletas. São mosaicos de normas em diferentes níveis de abstração, com antecedentes — assim como defensores no presente — autoritários e republicanos (e progressistas e conservadores), refletindo estágios anteriores de conflito ideológico, bem como batalhas contemporâneas dentro de cada orientação. As normas constitucionais que são pontos de luta ideológica, por exemplo, definindo o que a força policial pode fazer com as pessoas quando as prende, são às vezes vagas e gerais e às vezes específicas e contraditórias. Em qualquer caso, elas são interpretadas por oficiais executivos e tribunais, com algumas interpretações empurrando a norma na direção autoritária e algumas na direção republicana." Ibid., p. 162, tradução nossa.

12 Para uma análise comparada do declínio democrático da história recente no Brasil e em outros países, ver: BRITO, A.S. et al. *O caminho da autocracia: Estratégias atuais de erosão democrática*. São Paulo: Tinta-da-China Brasil, 2023.

13 WODAK, R. "The Discourse-Historical Approach". In: WODAK, R.; MEYER, M. (Orgs.). *Methods of Critical Discourse Analysis*. Londres: Sage, 2001, pp. 63-94.

14 FREEDEN, M. *Ideologies and Political Theory: A Conceptual Approach*. Nova York: Oxford University Press, 1996.
15 São alguns exemplos de análises sobre as manifestações sociais e políticas da direita brasileira contemporânea, a partir de diferentes referenciais teóricos, propondo compreensões divergentes desse aspecto paradoxal: ARANTES, P.F.; FRIAS, F.; MENESES, M.L. *8/1: A rebelião dos manés: Ou esquerda e direita nos espelhos de Brasília*. São Paulo: Hedra, 2024; CESARINO, L. *O mundo ao avesso: Verdade e política na era digital*. São Paulo: Ubu, 2022; MEDEIROS, J.; ROCHA, C.; SOLANO, E. *The Bolsonaro Paradox: The Public Sphere and Right-Wing Counterpublicity in Contemporary Brazil*. Cham: Springer, 2021.
16 ALMEIDA, R., op. cit.
17 Ver nota 2.
18 FREEDEN, M., op. cit.
19 LYNCH, C.; CASSIMIRO, P.H. *O populismo reacionário: Ascensão e legado do bolsonarismo*. São Paulo: Contracorrente, 2022.
20 BRITO, A.S. et al., op. cit.
21 COOPER, M. *Family Values: Between Neoliberalism and the New Social Conservatism*. Nova York: Zone Books, 2017.
22 BROWN, W. *Nas ruínas do neoliberalismo*. São Paulo: Politeia, 2019.
23 Ibid.; COOPER, M., op. cit.
24 BROWN, W., op. cit., p. 88.
25 Ibid.; COOPER, M., op. cit., p. 69.
26 ALMEIDA, R., op. cit.
27 FAGANELLO, M.A. "Bancada da bala: Uma onda na maré conservadora". In: CRUZ, S.V.; KAYSEL, A.; CODAS, G. (Orgs.). *Direita, volver!: O retorno da direita e o ciclo político brasileiro*. São Paulo: Editora Fundação Perseu Abramo, 2015, pp. 145-62.
28 Nossa base de pesquisa é composta de 407 documentos públicos coletados de acordo com a divisão "bala", "boi" e "Bíblia", e analisados qualitativamente. A apresentação final da pesquisa sistematiza, por meio de uma estrutura voltada à compreensão das disputas sobre pontos-chave da cultura política democrática, *categorias e elaborações presentes nas próprias manifestações*.

## A LEI DA BALA

### UMA ONDA NAS POLÍTICAS DE SEGURANÇA PÚBLICA

1 A bancada da bala é uma das várias bancadas temáticas do Congresso Nacional. Bancadas temáticas são agrupamentos suprapartidários de parlamentares que se organizam em torno de questões afins. Já as frentes parlamentares são grupos suprapartidários institucionalmente reconhecidos, registrados junto à Câmara dos Deputados. CARVALHO, J. "Revisão da bibliografia sobre bancadas temáticas e frentes parlamentares no Brasil". *BIB: Revista Brasileira de Informação Bibliográfica em Ciências Sociais*, v. 1, n. 97, pp. 1-16, 2022, p. 2.
2 PLS.
3 Lei nº 10.826/2003; MIRANDA, J. V. S. *Composição e atuação da "bancada da bala" na Câmara dos Deputados*. Belo Horizonte: UFMG, 2019. 271 pp. Dissertação (Mestrado em Ciência Política).
4 Doações de pessoas jurídicas eram permitidas antes da Reforma Eleitoral, realizada em 2015 (lei nº 13.165/2015).
5 CARVALHO, J., op. cit.
6 MIRANDA, J. V. S., op. cit.
7 Um dos motes caros ao conservadorismo, como indicado na "Introdução".
8 Ver: CAMPOS, M. S. *Pela metade: As principais implicações da nova lei de drogas no sistema de justiça criminal em São Paulo*. São Paulo: Annablume, 2019; MARTINS, A. L. *LGBTfobia: Uma história de criminalizações*. São Paulo: Hucitec, 2023; CAMARGOS, P. A. P. *Guerra ao crime organizado e política criminal nos governos FHC e Lula: Entre os processos de neoliberalização e as hibridizações da guinada punitiva brasileira*. São Paulo: FFLCH-USP, 2022. 255 pp. Dissertação (Mestrado em Sociologia).
9 Parte das reflexões da seção foram explorados, com comentários preliminares da pesquisa que deu origem a este livro, em: BRITO, A. S. et al. "Maré conservadora e política criminal: O 'cidadão de bem' como verdadeiro portador de direitos". *Boletim IBCCRIM*, v. 31, n. 365, pp. 31-34, 2023.
10 Almeida analisa o conservadorismo ligado especificamente a grupos evangélicos. ALMEIDA, R., op. cit.
11 Ibid.

12 Ibid., p. 23.
13 FAGANELLO, M.A., op. cit.
14 Ibid.
15 Ibid.
16 No texto, o autor apresenta uma nova perspectiva para compreender o que chama de "fenômeno Bolsonaro, de força inesperada". FELTRAN, G. "A política como violência". *Terceiro Milênio: Revista Crítica de Sociologia e Política*, v. 17, n. 2, pp. 228-57, 2021, p. 232.
17 Ibid., p. 255.
18 Ibid., p. 251.
19 Lacerda adota o termo "neoconservadorismo" para explicar "um ideário conservador e de direita" que tem como aspecto peculiar a "centralidade que atribui às questões relativas à família, à sexualidade e à reprodução e aos valores cristãos". A partir de uma revisão da bibliografia norte-americana sobre o tema, a autora identifica alguns elementos centrais do que chama de "coalizão neoconservadora": a presença da direita cristã, a defesa da família patriarcal, o sionismo, o militarismo, o idealismo punitivo e o neoliberalismo. LACERDA, M.B. *O novo conservadorismo brasileiro: De Reagan a Bolsonaro*. São Paulo: Zouk, 2019. Como aponta Camila Rocha, o termo "neoconservadorismo", embora tenha se popularizado nas análises da direita contemporânea em geral, carrega também um sentido mais específico, de designação de uma vertente política da direita norte-americana que, a partir de 1950, passa a defender políticas externas mais agressivas. Em sentido mais amplo, refere-se à combinação do neoliberalismo com o conservadorismo — o que, na análise de Rocha, seria mais bem nominado pelas expressões "liberal-conservadorismo" ou "neoliberalismo-conservador", inclusive tendo em conta que "no caso do Brasil, assim como de outros países, historicamente o conservadorismo não diz respeito a um nacionalismo bélico em relação a outros países, mas está mais ligado à defesa do status quo, tendo em vista a preservação de costumes e tradições legadas pelas gerações passadas, posicionamento que, na maioria dos países latino-americanos, esteve relacionado sobretudo ao tradicionalismo católico até a década de 1980". ROCHA, C. *Menos Marx, mais Mises: O liberalismo e a nova direita no Brasil*. São Paulo: Todavia, 2021. Para uma discussão sobre essa relação entre conservadorismo e religião no Brasil, ver adiante "A lei da Bíblia".
20 LACERDA, M.B., op. cit., p. 45.

21 Ibid., p. 46.
22 Ibid., p. 47.
23 Ao investigar se e como tal dinâmica se desdobra no território brasileiro, a autora analisou votações realizadas no Congresso Nacional sobre alguns temas, como, entre outros: mudanças na lei de drogas; a criação dos autos de resistência; a transformação do homicídio de policiais em crime hediondo; a privatização de presídios; a criação da CNV; e, novamente, a diminuição da maioridade penal. O panorama de casos levantados por Lacerda — que tinha como recorte temporal a legislatura de 2015-2018 do Congresso Nacional — foi fundamental para a seleção de casos analisados neste livro, detalhados nas seções a seguir. Ibid., p. 47.
24 WACQUANT, L. *Punir os pobres: A nova gestão da miséria nos Estados Unidos*. Rio de Janeiro: Revan, 2003; SIMON, J. *Governing Through Crime: How the War on Crime Transformed American Democracy and Created a Culture of Fear*. Nova York: Oxford University Press, 2007; HARCOURT, B. *The Illusion of Free Markets: Punishment and the Myth of Natural Order*. Cambridge: Harvard University Press, 2011.
25 ALEXANDER, M. *A nova segregação: Racismo e encarceramento em massa*. São Paulo: Boitempo, 2017.
26 GRAHAM, S. *Cidades sitiadas: O novo urbanismo militar*. São Paulo: Boitempo, 2016.
27 WACQUANT, L., op. cit., p. 35. No Brasil, assim como nos Estados Unidos, o sistema de justiça criminal tem funcionado como uma ferramenta de segregação racial que restringe a liberdade — e a própria vida — de pessoas pretas e pardas. O aumento vertiginoso do número de pessoas presas e da letalidade policial no país desde a década de 2000 também vem sendo pensado à luz do avanço do neoliberalismo nesse mesmo período. Cf. FLAUZINA, A. L. P. *Corpo negro caído no chão: O sistema penal e o projeto genocida do Estado brasileiro*. Salvador: Brago Negro, 2019; MINHOTO, L. D. "Encarceramento em massa, *racketeering* de Estado e racionalidade neoliberal". *Lua Nova: Revista de Cultura e Política*, n. 109, pp. 161-91, 2020; ALTHEMAN, E.; MARTINS, A.; CAMARGOS, P. "Entre o *Homo oeconomicus* e o *Homo criminalis*: Neoliberalismo, punição e regimes de subjetivação". *Mediações: Revista de Ciências Sociais*, v. 25, n. 2, pp. 339-57, 2020; MALLART, F. *Findas linhas: Circulações e confinamentos pelos subterrâneos de São Paulo*. Lisboa: Etnográfica Press, 2021.

## ENTRE ARMAMENTISMO E FORÇAS PÚBLICAS

1. MIRANDA, J. V. S., op. cit.
2. LACERDA, M. B., op. cit.
3. Outros instrumentos normativos que regulavam a matéria já haviam sido aprovados para lidar com a questão da circulação de armas de fogo no país. A lei nº 9.437/1997, aprovada no governo Fernando Henrique, instituiu o Sistema Nacional de Armas (Sinarm) e estabeleceu restrições para o registro e para o porte de arma de fogo.
4. Consulta popular realizada em outubro de 2005 sobre a proibição do comércio de armas de fogo e munições no país.
5. Ao assumir o governo, em janeiro de 2023, Lula começou a revogar esses decretos. Já em 1º de janeiro de 2023 foram revogados totalmente os decretos nº 9.845/2019, 9.846/2019, 10.628/2021 e 10.629/2021. No mesmo dia, foram revogados parcialmente os decretos nº 9.847/2019 e 10.630/2021. Em julho de 2023, Lula assinou o decreto nº 11.615/2021, que estabelece nova regulamentação para controle de armas de fogo e munições no país, substituindo as mudanças feitas durante a administração de Jair Bolsonaro e ainda não revogadas.
6. DUARTE, I.; ASSIS, F.; OLIVEIRA, S. "Bolsonaro volta a falar em legítima defesa e que 'povo armado jamais será escravizado'". *O Estado de São Paulo*, 9 ago. 2022.
7. AGÊNCIA SENADO. "Decretos pró-armas de Bolsonaro enfrentam resistência no Senado". *Senado Notícias*, 23 jul. 2021. Disponível em: <https://www12.senado.leg.br/noticias/materias/2022/2021/07/23/decretos-pro-armas-de-bolsonaro-enfrentam-resistencia-no-senado>.
8. Ex.: Decretos nº 9.685, 9.785, 9.797, 9.845, 9.846, 9.847, 10.627, 10.628, 10.629 e 10.630.
9. Ex.: Portaria Interministerial nº 1.634/GM-MD, Portaria 62, Colog, Portaria nº 423/2020 do Ministério da Justiça.
10. Ex.: Resolução GECECX nº 126/2020.
11. ADIS nº 6.119, 6.134, 6.139, 6.675, 6.676, 6.677, 6.680 e 6.695. A constitucionalidade dos mencionados decretos e portarias também é discutida no STF nas ADPFS nº 581, 586, 681, 683 e 772, ausentes na análise, pois, no momento de execução da pesquisa, não contavam com manifestações de entidades defensoras do armamentismo.

12 Os decretos discutidos são: nº 9.685/2019, 9.785/2019, 9.845/2019, 9.846/2019, 9.847/2019, 10.627/2021, 10.628/2021, 10.629/2021 e 10.630/2021.
13 Os chamados "autos de resistência" são "homicídios cometidos por policiais e, inicialmente, registrados como 'homicídio proveniente de auto de resistência', isto é, com presumida legítima defesa". MISSE, M.; GRILLO, C.C.; NERI, N.E. "Letalidade policial e indiferença legal: A apuração judiciária dos 'autos de resistência' no Rio de Janeiro (2001-2011)". *Dilemas: Revista de Estudos de Conflito e Controle Social*, pp. 43-71, 2015.
14 Foi recebida na Câmara dos Deputados com esse número, mas a proposta original é do Senado (autoria de Alvaro Dias) sob o nome PLS nº 88/2007.
15 São alguns deles: PLS nº 6.132/2002; 3.716/2004 e 4493/2004; 7.400/2006 e 7.094/2006; 137/2007, 243/2007, 456/2007, 1.613/2007, 1.852/2007 e 1.936/2007; 5.813/2009 e 6.645/2009; 1.071/2011, 1.133/2011, 1.861/2011, 2.184/2011 e 2.706/2011; 3.557/2012, 4.463/2012, 4.612/2012, 4.629/2012, 4.642/2012 e 4.735/2012; 7.043/2014, 7.478/2014, 7.961/2014, 8.176/2014; e 141/2015, 194/2015, 234/2015, 273/2015, 448/2015, 449/2015, 493/2015, 529/2015, 593/2015, 842/2015 e 846/2015.
16 O Sisnama estrutura a gestão do meio ambiente no Brasil. Criado pela lei nº 6.938/1981, regulamentada pelo decreto nº 99.274/1990, o sistema é composto de órgãos e entidades responsáveis pela proteção, melhoria e recuperação da qualidade ambiental na União, dos estados, Distrito Federal e municípios.

## "SALVAGUARDA DA ORDEM": OS LEMAS DA "BALA"

1 Em manifestação na ADI nº 6.677.
2 São elas: ADI nº 6.675, 6.677, 6.680 e 6.695.
3 Em manifestação na ADI nº 6.675.
4 Em manifestação na ADI nº 6.119.
5 Referido nas próximas ocorrências como (Sabino, 2015).
6 Ver nota 13 em "Entre armamentismo e forças públicas" para definição de auto de resistência.
7 Referido nas próximas ocorrências como (Bolsonaro, 2015).

8 Como visto nos seguintes documentos: PL nº 4.471/2012, debates em plenário; PL nº 4.363/2001, debates em plenário; PL nº 3.131/2008; MP Pró-Sociedade, ADPF nº 635, 2021.
9 Referido nas próximas ocorrências como (Rogério, 2015).

## DEMOCRACIA, SEPARAÇÃO DE PODERES E VONTADE POPULAR

1 Em manifestação na ADI nº 6.675.
2 Em manifestação na ADI nº 6.134.
3 Em manifestação na ADI nº 6.680.
4 Em manifestação na ADI nº 6.675.
5 Ibid.
6 Em manifestações nas ADIS nº 6.677 e 6.695.
7 Em manifestação na ADI nº 6.695.
8 Em manifestação na ADPF nº 635.
9 Ibid.

## ENTRE DIREITOS E LIBERDADES

1 Alguns exemplos são: Abate, ADI nº 6.134, 2021; CBTP, ADI nº 6.119, 2019 e Proarmas, ADI nº 6.675, 2021.
2 Em manifestação na ADI nº 6.675.
3 Ibid.
4 Em manifestação na ADI nº 6.119.
5 Em manifestação na ADI nº 6.675.
6 Em manifestação na ADI nº 6.119.
7 Ibid.
8 Então Ministro da Defesa Fernando Azevedo e Silva, então Ministro da Justiça e Segurança Pública Sérgio Fernando Moro e então Ministro de Estado Chefe da Secretaria-Geral da Presidência da República Jorge Antônio de Oliveira Francisco, PL nº 6.125/2019, referidos nas próximas ocorrências como (Silva; Moro; Francisco, 2019).
9 Em manifestação na ADI nº 6.680.
10 Ibid.

11 Para uma discussão sobre como a ideia de "fé pública" é produzida e reproduzida na prática da justiça criminal, ver: JESUS, M.G.M. *A verdade jurídica nos processos de tráfico de drogas*. São Paulo: D'Plácido, 2019.
12 Em manifestação na ADPF nº 635.
13 Por exemplo: PL nº 4.363/2001; PEC nº 300/2008 e PL nº 6289/2019.
14 Em manifestações no PL nº 9.064/2017.
15 Referido nas próximas ocorrências como (Leal, 2019).
16 Referido nas próximas ocorrências como (Bolsonaro, 2011).
17 Referido nas próximas ocorrências como (Tadeu, 2020).
18 Referido nas próximas ocorrências como (Isidório, 2022).
19 Referido nas próximas ocorrências como (Alberto Neto, 2022).

## "VERDADEIRAS VÍTIMAS" E SEUS INIMIGOS

1 Em manifestação na ADI nº 6.676.
2 Em manifestação na ADI nº 6.675.
3 Ibid.
4 Ibid.
5 Em manifestação na ADI nº 6.680.
6 Em manifestação na ADI nº 6.119.
7 A entidade manifesta-se de forma semelhante em várias ADIs. Alguns exemplos são ADIS nº 6.675, 6.676, 6.677, 6.680 e 6.695, todas de 2021.
8 Em manifestação na ADI nº 6.677.
9 Em manifestação na ADI nº 6.695.
10 Em manifestação na ADI nº 6.675.
11 Em manifestações nas ADIS nº 6.676, 6.680 e 6.695.
12 Em manifestação na ADPF nº 635.
13 Alguns exemplos são: então deputado Vitor Valim, PMDB-CE, PL nº 9.661/2018, 2018; PL nº 9.661/2018; PL nº 9.064/2017; PL 8.587/2017; MP Pró-Sociedade, ADPF nº 635.
14 Alguns exemplos são: então deputado Sargento Fahur, PSDB-PR, PL nº 2.821/2021, 2022; MP Pró-Sociedade, ADPF nº 635, 2021.
15 Referido nas próximas ocorrências como (Fahur, 2022).
16 Em manifestação na ADPF nº 635.

17 Ibid.
18 Referido nas próximas ocorrências como (Oliveira, 2011).

## REALIDADE E IDEOLOGIA

1 Em manifestação na ADI nº 6.675.
2 Em manifestações nas ADIS nº 6.680 e 6.677.
3 Ibid.
4 Em manifestação na ADI nº 6.119.
5 Em manifestação na ADI nº 6.675.
6 Ibid.
7 Ibid.
8 Em manifestações nas ADIS nº 6.675, 2021; e 6.680.
9 Em manifestação na ADI nº 6.119.
10 Nesse sentido, ver: BENETTI, P.R. "Na antessala da bancada da bala: Argumentos contra o Estatuto do Desarmamento (2003)". *Dilemas: Revista de Estudos de Conflito e Controle Social*, v. 15, n. 3, pp. 859-82, 2022.
11 São exemplos: Abate, ADI nº 6.134, 2021; Proarmas, ADI nº 6.677, 2020.
12 A mesma argumentação se repete na manifestação do Proarmas na ADI nº 6.675.
13 Em manifestação na ADI nº 6.675.
14 Em manifestação na ADI nº 6.695.
15 São alguns exemplos: CBTP, ADI nº 6.119, 2019; AOR-EB, ADI nº 6.119, 2021; Abate, ADI nº 6.119, 2021, entre outros.
16 Em manifestação na ADI nº 6.675.
17 Ibid.
18 Em manifestação na ADI nº 6.677.
19 Em manifestação na ADI nº 6.680.
20 Em manifestação na ADI nº 6.675.

## AS DIREÇÕES DA "BALA"

1 DORNELLES, J.R.W. *Conflitos e segurança (entre pombos e falcões)*. Rio de Janeiro: Lumen Juris, 2008. LACERDA, M.B., op. cit.

2   FAGANELLO, M.A., op. cit.
3   HORWITZ, R.B. "Politics as Victimhood, Victimhood as Politics". *Journal of Policy History*, v. 30, n. 3, pp. 552-74, 2018; SIMON, J., op. cit.
4   SIMON, J., op. cit., p. 110.

## A LEI DO BOI

### UMA ONDA NO RURALISMO

1   CARVALHO, J.M. *A construção da ordem: Teatro de sombras*. Rio de Janeiro: Civilização Brasileira, 2008.
2   CENTRO DE ESTUDOS AVANÇADOS EM ECONOMIA APLICADA. *PIB do agronegócio brasileiro*.
3   DEPARTAMENTO INTERSINDICAL DE ASSESSORIA PARLAMENTAR. *Bancadas informais no Congresso: Abordagem preliminar: 57ª legislatura: 2023/2027*. Brasília: Diap, 2022.
4   A UDR é uma "Associação civil criada em maio de 1985 por grandes proprietários de terras, com a finalidade de defender a propriedade privada e como expressão da radicalização patronal rural contra a política agrária promovida pelo governo federal no começo da administração do presidente José Sarney (1985-1990)". Disponível em: <https://www18.fgv.br/cpdoc/acervo/dicionarios/verbete-tematico/uniao-democratica-ruralista-udr>.
5   BRUNO, R. "Bancada ruralista, conservadorismo e representação de interesses no Brasil contemporâneo". In: MALUF, R.S.; FLEXOR, G. (Orgs.). *Questões agrárias, agrícolas e rurais: Conjunturas e políticas públicas*. Rio de Janeiro: E-Papers, 2017, pp. 155-68.
6   POMPEIA, C. *Formação política do agronegócio*. São Paulo: Elefante, 2021.
7   BRUNO, R., op. cit.
8   Ibid.
9   Requerimento nº 497, de 19 de fevereiro de 2019. Disponível em: <https://www.camara.leg.br/internet/deputado/Frente_Parlamentar/53910-integra.pdf>.
10  Sistema político desenvolvido na Primeira República e baseado no compromisso entre governadores e senhores de terras. É circunscrito

à primeira experiência federalista brasileira. Poderes locais, encarnados por grandes proprietários de terras (coronéis), foram integrados à política dos governadores do presidente Campos Salles, que garantia governabilidade ao Executivo por meio da eliminação da oposição no Legislativo. Enquanto governadores estaduais garantiam que apenas suas opções fossem eleitas para as Câmaras, nos municípios, coronéis conseguiam votos de funcionários e agregados em troca de melhorias, garantindo a eleição das elites locais e reforçando sua influência social. Cf. CARVALHO, J. M. "Mandonismo, coronelismo, clientelismo: Uma discussão conceitual". *Dados*, v. 40, n. 2, 1997; LEAL, V. N., *Coronelismo, enxada e voto: O município e o regime representativo no Brasil*. São Paulo: Companhia das Letras, 2012.

11 Cunhado a partir das reflexões sobre coronelismo, este conceito é menos preciso e indica fenômenos não datados historicamente. Pode tanto ser entendido como um gênero, do qual coronelismo seria espécie, quanto como uma característica da política tradicional. No segundo caso, diz respeito à "existência local de estruturas oligárquicas e personalizadas de poder". O mandão pode ser senhor de terra, comerciante ou figuras que, "em função do controle de algum recurso estratégico, exercem sobre a população domínio pessoal e arbitrário que a impede de ter livre acesso ao mercado e à sociedade política". CARVALHO, J. M., op. cit., 1997.

12 A noção foi empregada para explicar o poder político que se organiza a partir do poder pessoal e se legitima pela tradição. No contexto brasileiro, o conceito foi utilizado para pensar a formação do país, que padeceria de um regime patrimonialista, dominado por um estamento burocrático. É uma forma de manifestação do poder público fundamentada na autoridade pessoal, e não de interação dos poderes privados com aquele. Características de contextos patrimonialistas incluem: ausência de uma esfera pública, em contraposição à esfera privada; parcialidade do sistema de justiça; irracionalidade do sistema fiscal; ineficiência da administração pública; e tendência à corrupção. Ver: WEBER, M. *Ensaios de sociologia*. Rio de Janeiro, LTC, 2010; FAORO, R., *Os donos do poder: Formação do patronato político brasileiro*. Porto Alegre: Globo, 2001; CAMPANTE, R. G. "O patrimonialismo em Faoro e Weber e a sociologia brasileira". *Dados: Revista de Ciências Sociais*, v. 46, n. 1, pp. 153-93, 2003.

13 Ver: SCHWARCZ, L. M. *Sobre o autoritarismo brasileiro*. São Paulo: Companhia das Letras, 2019; LEAL, V. N., op. cit.; FAORO, R., op. cit.; HOLANDA, S. B. *Raízes do Brasil*. São Paulo: Companhia das Letras, 1995. PRADO JÚNIOR, C. "Formação do Brasil contemporâneo". In: SANTIAGO, S. (Org.). *Intérpretes do Brasil*. Rio de Janeiro: Nova Aguilar, 2000. v. 3, pp. 1103-488.
14 BRUNO, R., op. cit.
15 POMPEIA, C. "Concertação e poder: O agronegócio como fenômeno político do Brasil". *Revista Brasileira de Ciências Sociais*, v. 35, n. 104, 2020.
16 Id. *Formação*... op. cit.
17 Id. "O agrobolsonarismo". *Revista Piauí*, jan. 2022.
18 Id. *Formação*... op. cit.
19 MACIEL, A.; PIRES, Y. "Casamento da filha de Nabhan Garcia traz elo entre policial e ruralistas contrários ao MST". *Agência Pública*, 22 mar. 2022.
20 POMPEIA, C. "A reascensão da extrema direita entre representações políticas dos sistemas alimentares". *Antropolítica: Revista Contemporânea de Antropologia*, n. 53, 2021.
21 Ibid.
22 Nesse sentido, ver "A lei da bala".
23 OLIVEIRA, R. "'Nenhum centímetro de terra indígena': Como o governo Bolsonaro agiu para cumprir promessa". *Agência Pública*, 27 abr. 2023.
24 BRAGON, R.; HOLANDA, M. "Bolsonaro transforma reforma agrária em programa de entrega de títulos a assentados". *Folha de S.Paulo*, 8 maio 2022.
25 "MINISTRO do Meio Ambiente defende passar 'a boiada' e 'mudar' regras enquanto atenção da mídia está voltada para a covid-19". *G1*, 22 maio 2022.
26 BRONZ, D.; ZHOURI, A.; CASTRO, E. "Apresentação: Passando a boiada: Violação de direitos, desregulação e desmanche ambiental no Brasil". *Antropolítica: Revista Contemporânea de Antropologia*, n. 49, pp. 8-41, 2020.

## FRENTES DE EXPANSÃO E SEUS OBSTÁCULOS

1. BRUNO, R., op. cit.; POMPEIA, C.; SCHNEIDER, S. "As diferentes narrativas alimentares do agronegócio". *Desenvolvimento e Meio Ambiente*, v. 57, pp. 175-98, 2021; POMPEIA, C. *Formação...* op. cit.
2. POMPEIA, C. *Formação...* op. cit.
3. Ibid., pp. 220-21.
4. Para saber mais sobre ARL, ver: ((o))ECO. "O que é reserva legal". *((o))eco*, 20 ago. 2013.
5. Para saber mais sobre APP, ver: ((o))ECO. "O que é uma área de preservação permanente". *((o))eco*, 12 ago. 2013.
6. Para saber mais sobre compensação ambiental, ver: ((o))ECO. "O que é a compensação ambiental". *((o))eco*, 30 jan. 2015.
7. RAJÃO, R. et al. *Uma breve história da legislação florestal brasileira*. Florianópolis: Expressão, 2021, p. 40.
8. POMPEIA, C. *Formação...* op. cit.
9. RAJÃO, R. et al., op. cit.
10. Ibid., p. 39.
11. Reportagem da *Sumaúma* de 2023 revela Aldo Rebelo como um dos principais expoentes do agromilitarismo, aliança forjada, entre outras coisas, por forte discurso nacionalista. Desde que foi relator do projeto transformado no Código Florestal, aprofundou as relações com ruralistas, em especial no norte do país. ANTUNES, C. "O agro é Aldo: Ex-comunista e ex-ministro de governos do PT articula na Amazônia cruzada contra a agenda ambiental de Lula". *Sumaúma*, 17 abr. 2023.
12. RAJÃO, R. et al., op. cit., p. 44.
13. Para mais sobre os trechos vetados, ver: "DILMA veta 12 artigos no Código Florestal e faz 32 alterações por MP". *Câmara dos Deputados*, 25 maio 2012. Disponível em: <https://www.camara.leg.br/noticias/375043-dilma-veta-12-artigos-no-codigo-florestal-e-faz-32-alteracoes-por-mp>.
14. Para detalhes, ver o Levantamento dos PLs apresentados por deputados bolsonaristas para modificar o Código Florestal, realizado pelo Instituto Socioambiental (ISA). CEZAR, E.; SOUZA, O. B. "Ruralistas e bolsonaristas correm para alterar Código Florestal em ano de eleições". *Instituto Socioambiental*, 8 jun. 2022.
15. ((o))ECO. "MP da Grilagem inconstitucional". *((o))eco*, 24 jun. 2009.

16 OLIVEIRA, R., op. cit. Trata-se da PEC nº 215/2000; da PEC nº 71/2011; do PLP nº 227/2012; e do RE nº 1.017.365.
17 Segundo a Constituição (art. 231, §6o), a indenização por desapropriação em terras indígenas é possível em relação às benfeitorias realizadas pelo possuidor de boa-fé; já atos de ocupação, domínio e posse são nulos, e sua extinção não geram indenização.
18 Regulamenta o § 6o do art. 231 da Constituição, citado na nota anterior.
19 POMPEIA, C. *Formação...* op. cit., p. 283.
20 RE nº 1.017.365.
21 Petição (PET) nº 3.388.
22 Ibid.
23 "SUSPENSOS efeitos de parecer da AGU sobre terras indígenas até julgamento final de RE sobre o tema". *Supremo Tribunal Federal*, 7 maio 2020.
24 "STF DEFINE tese de repercussão geral em recurso que rejeitou marco temporal indígena". *Supremo Tribunal Federal*, 27 set. 2023.
25 PRAZERES, L. "Como ruralistas reagiram ao STF e aprovaram marco temporal". *BBC News Brasil*, 27 set. 2023.
26 SOARES, M. "Confira os vetos do presidente Lula ao PL do 'marco temporal'". *Notícias Socioambientais*, 25 out. 2023.
27 TUSSINI, G. Congresso derruba veto ao marco temporal das terras indígenas. *((o))eco*, 14 dez. 2023.
28 "PARTIDOS pedem que Supremo valide lei do marco temporal". *Supremo Tribunal Federal*, 28 dez. 2023.
29 Trata-se da ADI nº 7.582. TUSSINI, G. "Instituto Socioambiental pede para ingressar em 3 ações que contestam o Marco Temporal no STF". *((o))eco*, 15 jan. 2024.
30 Trata-se das ADIS nº 7.583 e nº 7.589; "STF RECEBE mais uma ação contra lei que institui o marco temporal indígena". *Supremo Tribunal Federal*, 2 jan. 2024; TUSSINI, G. "Instituto...", op. cit.

## "A COLUNA VERTEBRAL DO PAÍS": PRODUTIVIDADE ACIMA DE TUDO?

1 Referido nas próximas ocorrências como (CNA, 2018).
2 Referido nas próximas ocorrências como (Abag, 2010).

3 Analisamos neste texto cartas de 2010, 2016 e 2018.
4 PL nº 1.876/1999.
5 MP nº 458/2009.
6 PEC nº 215/2000.
7 São alguns exemplos: então deputado Ronaldo Caiado, DEM-GO, PL nº 1.876/1999, 2011; então deputado Wandenkolk Gonçalves, PSDB-PA, MP nº 458/2009, 2009.
8 Em manifestação no RE nº 1.017.365.
9 São alguns exemplos: SRB, RE nº 1.017.365, 2020; CNA, 2018; Abag, 2010.
10 Referido nas próximas ocorrências como (Caiado, 2011).
11 MP nº 458/2009.
12 São alguns exemplos: SRB, RE nº 1.017.365, 2020; então deputado Antônio Feijão, PSDB-AP, MP nº 458/2009.
13 Referido nas próximas ocorrências como (Marchezan Júnior, 2011).
14 Referido nas próximas ocorrências como (Feijão, 2009).
15 Referido nas próximas ocorrências como (CNA, 2014).
16 Por exemplo, Sindicato Rural de Abelardo Luz, em manifestação no RE nº 1.017.365, 2021.
17 Em manifestação no RE nº 1.017.365.
18 São alguns exemplos: Sindicato Rural de Itamaraju, RE nº 1.017.365, 2021; Sindicato Rural de Dourados, RE nº 1.017.365, 2021.
19 Em manifestação no RE nº 1.017.365. São outros exemplos no mesmo sentido: CNA, 2014; CNA, 2018.
20 Em manifestação no RE nº 1.017.365.
21 Ibid.
22 PEC nº 438/2001.
23 Referido nas próximas ocorrências como (Bentes, 2004).
24 Tanto nas deliberações sobre a PEC nº 215/2000 quanto na ação do Marco Temporal (RE nº 1.017.365, 2021) no STF.
25 Em manifestação no RE nº 1.017.365.
26 PEC nº 215/2000.
27 Referido nas próximas ocorrências como (Serraglio, 2015).
28 Em manifestação no RE nº 1.017.365.
29 Ibid.
30 Ibid.
31 Ibid.

## DEMOCRACIA, SEPARAÇÃO DE PODERES, PACTO FEDERATIVO E SOBERANIA POPULAR

1. Por exemplo: Sindicato dos Produtores Rurais de Anaurilândia, 2021; Sindicato Rural de Tacuru; e Sindicato Rural de Miranda e Bodoquena, 2021, todos em manifestações no RE nº 1.017.365.
2. Em manifestação no RE nº 1.017.365
3. Ibid.
4. Ibid.
5. Ibid.
6. Ibid.
7. Por exemplo, Osmar Serraglio, 2015; então deputado Amir de Sá, PEC nº 215, 2000.
8. Referido nas próximas ocorrências como (Sá, 2000).
9. São alguns exemplos: Associação dos Pequenos Produtores Rurais do Assentamento Terra Nova, 2021, e Associação dos Pequenos Agricultores de Ilhéus, Una e Buerarema, 2021, ambos em manifestação no RE nº 1.017.365.
10. Em manifestação no RE nº 1.017.365, 2021.
11. Ibid.
12. Ibid.
13. Ibid.
14. Ibid.
15. Ibid.

## ENTRE DIREITOS E LIBERDADES

1. Ibid.
2. Ibid.
3. Ibid.
4. Ibid.
5. Ibid.
6. Referido nas próximas ocorrências como (Lorenzoni, 2011).
7. São alguns exemplos: Famato, 2021; Sindicato Rural de Itambé, 2021 — ambos em manifestação no RE nº 1.017.365.
8. Em manifestação no RE nº 1.017.365.

9   Ver Capítulo 1, "A lei da bala".
10  Em manifestação no RE nº 1.017.365.
11  Ibid.
12  Referido nas próximas ocorrências como (Rebelo, 2010).
13  Referido nas próximas ocorrências como (Piau, 2011).
14  Em manifestação no RE nº 1.017.365.
15  Ibid.
16  Ibid.
17  Ibid.
18  Ibid.
19  Ibid.
20  Ibid.
21  Ibid.
22  Ibid.
23  Por exemplo: Sindicato dos Produtores Rurais de Anaurilândia, RE nº 1.017.365, 2021; Sindicato Rural de Antônio João, RE nº 1.017.365, 2021.
24  Em manifestação no RE nº 1.017.365.
25  Ibid.
26  Ibid.
27  Referido nas próximas ocorrências como (Pereira, 2012).
28  Em manifestação no RE nº 1.017.365.
29  Em manifestação da Associação dos Pequenos Produtores Rurais do Assentamento Terra Nova, RE nº 1.017.365, 2021; e da Associação dos Pequenos Agricultores de Ilhéus, Una e Buerarema, RE nº 1.017.365, 2021.

## "VERDADEIRAS VÍTIMAS" E SEUS INIMIGOS

1  Entre outros, Sindicato Rural de Abelardo Luz, RE nº 1.017.365, 2021; então deputado Aldo Rebelo, PCdoB-SP, PL nº 1.876/1999, 2010; e Aprosoja, RE nº 1.017.365, 2021.
2  São alguns exemplos: então deputado Paulo Piau, PMDB-MG, PL nº 1.876/1999, 2011; então deputado Aldo Rebelo, PCdoB-SP, PL nº 1.876/1999, 2010; e Sindicato Rural de Itamaraju, RE nº 1.017.365, 2021.
3  Em manifestação no RE nº 1.017.365.
4  Ibid.
5  Ibid.

6 Ibid.
7 Ibid.
8 Entre outros, Sindicato Rural de Aquidauana, RE nº 1.017.365, 2021; e Aprupab, RE nº 1.017.365, 2021.
9 Em manifestação no RE nº 1.017.365.
10 Ibid.
11 Ibid.
12 Ibid.

## REALIDADE E IDEOLOGIA

1 MP nº 458/2009.

## AS DIREÇÕES DO "BOI"

1 MP nº 458/2009.
2 Nesse sentido, ver: CASSIMIRO, P. H. P. "A revolução conservadora no Brasil. Nacionalismo, autoritarismo e fascismo no Pensamento Político Brasileiro dos anos 30". *Revista Política Hoje*, v. 27, ed. esp., pp. 140-61, 2018; LAMOUNIER, B. "Formação de um pensamento político autoritário na Primeira República: Uma interpretação". In: FAUSTO, B. (Org.). *História geral da civilização brasileira: O Brasil Republicano*. Rio de Janeiro: Bertrand Brasil, 2006, t. 3, pp. 371-404.
3 POMPEIA, C. *Formação...* op. cit.
4 BRUNO, R., op. cit.
5 FREEDEN, M., op. cit.
6 Conforme o diagnóstico de BROWN, W., op. cit., sobre o alinhamento entre conservadorismo e neoliberalismo.

## A LEI DA BÍBLIA

### UMA ONDA NO CAMPO MORAL E RELIGIOSO

1. ALMEIDA, R., op. cit., p. 73.
2. PRANDI, R.; SANTOS, R. W. "Quem tem medo da bancada evangélica? Posições sobre moralidade e política no eleitorado brasileiro, no Congresso Nacional e na Frente Parlamentar Evangélica". *Tempo Social*, v. 29, n. 2, pp. 187-214, 2017.
3. DUARTE, T. S. "A participação da Frente Parlamentar Evangélica no Legislativo brasileiro: Ação política e (in)vocação religiosa". *Ciencias Sociales y Religión*, v. 14, n. 17, pp. 53-76, 2012.
4. BINDE, J. L. *Fé demais não cheira bem: Análise do perfil e atuação da Frente Parlamentar Evangélica (2013-2014)*. Recife: UFPE, 2018. 174 pp. Tese (Doutorado em Ciência Política).
5. Disponível em: <https://imagem.camara.gov.br/Imagem/d/pdf/dcd-05set2003.pdf>.
6. Disponível em: <https://www.camara.leg.br/internet/deputado/Frente_Parlamentar/54477-integra.pdf>.
7. Disponível em: <https://www.camara.leg.br/internet/deputado/frenteDetalhe.asp?id=54326>.
8. SALES, L.; MARIANO, R. "Ativismo político de grupos religiosos e luta por direitos". *Religião & Sociedade*, v. 39, n. 2, pp. 1-225, 2019.
9. Nesse sentido, ver: "PESQUISA do Iser levanta mapa da identidade religiosa dos deputados e deputadas federais empossados". *Religião e Poder*, 12 dez. 2022.
10. MAINWARING, S. *Igreja Católica e política no Brasil: 1916-1985*. São Paulo: Brasiliense, 1989.
11. WOHNRATH, V. P. *Constituindo a nova república: Agentes católicos na Assembleia Nacional 1987-1988*. Campinas: Unicamp, 2017. 312 pp. Tese (Doutorado em Educação); WOHNRATH, V. P. "Duas dinâmicas, dois resultados: A Igreja Católica na Assembleia Nacional Constituinte 1987-1988". *Pro-Posições*, v. 28, n. 3, pp. 242-70, 2017; SALES, L.; MARIANO R., op. cit.
12. SALES, L.; MARIANO R., op. cit.; BIROLI, F.; VAGGIONE, J. M.; MACHADO, M. D. C. *Gênero, neoconservadorismo e democracia: Disputas e retrocessos na América Latina*. São Paulo: Boitempo, 2020.

13 SALES, L.; MARIANO R., op. cit.; BIROLI, F.; VAGGIONE, J. M.; MACHADO, M. D. C., op. cit.
14 Nesse sentido, ver os trabalhos de: SPYER, J.; TEIXEIRA, J. "Evangélicos à esquerda no Brasil". *Comunicações do Iser*, v. 40, n. 73, 2021. Disponível em: <https://iser.org.br/wp-content/uploads/2021/12/comunicacoesiser_73_2021-1.pdf>.
15 PACHECO, R. "André Mendonça no STF consolida chegada da direita religiosa ao poder". *Uol*, 8 dez. 2021.
16 Ver: MANSO, B. P. *A fé e o fuzil: Crime e religião no Brasil do século XXI*. São Paulo: Todavia, 2023. Manso, ao remontar o histórico de conformação das periferias de São Paulo e Rio de Janeiro, destaca a participação de entidades ligadas à Igreja Católica nesses territórios durante o período do final da ditadura e redemocratização; DIAS, R. B. "Da esquerda católica à esquerda revolucionária: A ação popular na história do catolicismo". *Revista Brasileira de História das Religiões*, v. 1, n. 1, 2008; MENEZES NETO, A. J. "A Igreja Católica e os movimentos sociais do campo: A Teologia da Libertação e o Movimento dos Trabalhadores Rurais sem Terra". *Caderno CRH*, v. 20, n. 50, pp. 331-41, 2007; FLORIDI, U. A. *O radicalismo católico brasileiro*. São Paulo: Hora Presente, 1973.
17 ALMEIDA, R., op. cit., p. 17.
18 Ibid.
19 Ibid.
20 SALES, L.; MARIANO, R, op. cit., p. 10.
21 BIROLI, F.; VAGGIONE, J. M.; MACHADO, M. D. C., op. cit.
22 Ibid., p. 11.
23 LACERDA, M. B., op. cit., p. 30.
24 Ibid., p. 28.
25 COOPER, M., op. cit.
26 BROWN, W., op. cit., p. 133.
27 Ibid., p. 129.
28 Ibid., p. 136.
29 Ibid., p. 137.
30 Ibid., p. 142.
31 Ibid., p. 145.
32 CUNHA, M. N. "Religião e política: Ressonâncias do neoconservadorismo evangélico nas mídias brasileiras". *Perseu: História, Memória e Política*, n. 11, pp. 147-66, 2016.

33 Ibid.
34 SYLVESTRE, J. *Irmão vota em irmão: Os evangélicos, a Constituinte e a Bíblia*. Brasília: Pergaminho, 1986.
35 CUNHA, M. N., op. cit.
36 PINHEIRO FILHO, F. A. "A invenção da ordem: Intelectuais católicos no Brasil". *Tempo Social*, v. 19, n. 1, pp. 33-49, 2007.
37 QUADROS, M. P. R. "O conservadorismo católico na política brasileira: Considerações sobre as atividades da TFP ontem e hoje". *Estudos de Sociologia*, v. 18, n. 34, pp. 193-208, 2013.
38 Ibid.
39 Entre os pilares da TFP estão a tradição — "remanso de elevação da alma, bom senso, boa educação, boa ordem e, em suma, de sábia arte de viver" —, a família — "riquíssima fonte de continuidade entre as gerações" — e a propriedade, sem a qual não haveria liberdade ou trabalho. A sociedade também prega o combate ao comunismo e à "vulgaridade" de "um mundo sempre mais igualitário, os ritmos estrepitosos, frenéticos e atravancados da existência atual, a instabilidade ameaçadora de todas as instituições, de todos os direitos". Ver: <https://tfp.org.br/por-que-tfp/>. O catolicismo conservador tem militado em torno de questões relativas aos direitos sexuais e reprodutivos, especialmente a descriminalização do aborto. QUADROS, M. P. R., op. cit.
40 MAINWARING, S., op. cit.; SALES, L.; MARIANO, R., op. cit.
41 SALES, L.; MARIANO, R., op. cit.; BIROLI, F.; VAGGIONE, J. M.; MACHADO, M. D. C., op. cit.
42 Nesse sentido, ver: SALES, L. "O ativismo católico: Bioética, direitos reprodutivos e gênero". *Revista Estudos Feministas*, v. 29, n. 3, 2021.
43 ALMEIDA, R., op. cit.
44 Ver: FUNDAÇÃO TIDE SETUBAL. *O conservadorismo e as questões sociais*.
45 CUNHA, M. N. op. cit.
46 FOLHAPRESS. "'Brasil acima de tudo': Conheça a origem do slogan de Bolsonaro". *Gazeta do Povo*, 24 out. 2018.
47 ROSA, A.; AMARAL, M.; SANTOS, V. "Aborto legal em disputa: Tentativas de ampliação e restrição do direito nos últimos 20 anos". *Nexo Políticas Públicas*, 25 nov. 2022.
48 MARINI, L. "Damares Alves é confirmada no Ministério da Mulher, Família e Direitos Humanos". *O Estado de São Paulo*, 6 dez. 2018.

49 FURONI, E. "Bolsonaro cita 'terrivelmente evangélico' e parabeniza Mendonça no STF". *CNN*, 1º jan. 2021.

## EXPANSÃO RELIGIOSA E REGULAÇÃO MORAL

1. SALES, L.; MARIANO, R., op. cit., p. 10.
2. BIROLI, F.; VAGGIONE, J. M.; MACHADO, M.D.C., op. cit.
3. Lei nº 9.349/1996.
4. O pedido foi, em termos jurídicos, pela não recepção parcial dos arts. 124 e 126 do Código Penal (lei nº 2.848/1940) pela Constituição de 1988.
5. No momento de seleção dos documentos analisados nesta pesquisa, o projeto de lei que tentou proibir as hipóteses de aborto legal nos casos em que a "viabilidade fetal" fosse reconhecida (PL nº 1.904/2024) não havia sido proposto. Mais sobre seu encaixe nos padrões argumentativos descritos neste livro pode ser lido em: ROSA, A.S.; DONIDA, D.; AMARAL, M.C.S. "Boi, Bala e 'Bíblia' avançam no Congresso: O que as recentes mobilizações de grupos reacionários e conservadores no Legislativo nos dizem sobre a disputa da linguagem de direitos". *Nexo Políticas Públicas*, 3 jul. 2024. Disponível em: <https://pp.nexojornal.com.br/opiniao/2024/07/03/boi-bala-e-biblia-avancam-no-congresso>.
6. AVELAR, D. "Brasil tem um novo projeto de lei antitrans por dia, e 'efeito Nikolas' preocupa". *Folha de S.Paulo*, 20 mar. 2023.
7. Ibid. Nos Estados Unidos há uma movimentação semelhante. Em 2023, de acordo com dados do *Movement Advancement Project* (Map) mais de 650 iniciativas legislativas que restringem direitos de pessoas LGBTQIA+ foram propostas em todo país. ARAÚJO, G. "Cruzada contra LGBTQIA+ nos EUA vai de lei antidrag a currículos não inclusivos". *Folha de S.Paulo*, 22 abr. 2023. Disponível em: <https://www1.folha.uol.com.br/mundo/2023/04/cruzada-contra-lgbtqia-nos-eua-vai-de--lei-antidrag-a-curriculos-nao-inclusivos.shtml>.

## "PROMOTORA DO BEM COMUM": IGREJA, FAMÍLIA E PAZ SOCIAL

1 Referido nas próximas ocorrências como (Crivella, 2016).
2 Em manifestação na ADPF nº 811.
3 Em manifestação na ADPF nº 701.
4 Referido nas próximas ocorrências como (Hilton, 2009).
5 Em manifestação na ADPF nº 701.
6 Em manifestação na ADPF nº 811.
7 Ibid.
8 Referido nas próximas ocorrências como (Eurico, 2014). O mesmo raciocínio aparece nas manifestações do então deputado Luiz Fernando Machado, PSDB-SP, no PL nº 8.035/2010, 2014.
9 Referido como nas próximas ocorrências como (Fonseca, 2014).
10 Referido nas próximas ocorrências como (Cunha, 2003).
11 Referido nas próximas ocorrências como (Takayama, 2005).
12 Em manifestação na ADPF nº 442.
13 Em manifestação na ADPF nº 132.
14 Referido nas próximas ocorrências como (Fahur, 2021).
15 Em manifestação no RE nº 635.659. O mesmo trecho aparece em manifestações da Abead, Associação Nacional Pró-Vida-Família e Central de Articulação das Entidades de Saúde (Cades) no mesmo RE.
16 Referido nas próximas manifestações como (Terra, 2021).

## DEMOCRACIA, SEPARAÇÃO DE PODERES E SEGURANÇA JURÍDICA

1 PL nº 4.356/2016.
2 PLC nº 160/2009.
3 Em manifestação no RE nº 888.815.
4 Referido nas próximas ocorrências como (Russomanno, 2019).
5 Em manifestação na ADPF nº 701.
6 Em manifestação na ADPF nº 811.
7 Em manifestação na ADPF nº 701.
8 Em manifestação na ADPF nº 811.
9 Em manifestação na ADPF nº 442.

10  Ibid.
11  Ibid.
12  Ibid.
13  Referido nas próximas ocorrências como (Garcia, 2015).
14  Referidos nas próximas ocorrências como (Tonietto e Barros, 2019).
15  Em manifestação no RE nº 635.659.
16  Em manifestação na ADPF nº 467.
17  São alguns exemplos: Anajure, ADPF nº 442, 2017; Convenção Geral das Assembleias de Deus, ADPF nº 442, 2018; e IBDR, ADPF nº 442, 2023.
18  Em manifestação na ADPF nº 442.

## ENTRE DIREITOS E LIBERDADES

1  Em manifestação na ADPF nº 467.
2  Em manifestação na ADPF nº 701.
3  Em manifestação na ADPF nº 811.
4  Ibid.
5  Em manifestação na ADPF nº 467.
6  Em manifestação na ADPF nº 811.
7  Ibid.
8  Em manifestação na ADPF nº 701.
9  Em manifestação na ADPF nº 811.
10  Em manifestação na ADPF nº 701.
11  Em manifestação na ADPF nº 442.
12  Ibid.
13  Em manifestação nas ADPFs nº 811 e nº 701, respectivamente.
14  Referido nas próximas ocorrências como (Feliciano, 2014).
15  Em manifestação na ADPF nº 442. A mesma construção aparece na manifestação do IBDR, também na ADPF nº 442.
16  Em manifestação na ADPF nº 467.
17  Em manifestação na ADPF nº 701.
18  Ibid.
19  Ibid.
20  Referido nas próximas ocorrências como (Borges, 2019).
21  Referido nas próximas ocorrências como (Bengtson, 2015).
22  Em manifestação na ADPF nº 442.

23 Em manifestação na ADPF nº 467.
24 Em manifestação no RE nº 635.659.
25 Em manifestação na ADPF nº 442.
26 São alguns exemplos: Ujucarj, ADPF nº 442, 2018; Frente da Família, ADPF nº 442, 2017; Convenção Batista Brasileira, ADPF nº 442, 2018; CNBB, ADPF nº 442, 2017; Anajure, ADPF nº 442, 2017; Adfas, ADPF nº 442, 2018.
27 Em manifestação na ADPF nº 442.
28 Referido nas próximas ocorrências como (Rogério, 2017).
29 Referido nas próximas manifestações como (Garcia, 2018).
30 Em manifestação no RE nº 635.659.
31 Em manifestação na ADPF nº 442.
32 Em manifestação na ADPF nº 442. A mesma construção aparece nas manifestações do IDVF, 2017, Ujucarj, 2018 e Ujucasp, 2018, todas na ADPF nº 442.
33 Em manifestação na ADPF nº 437.
34 Ibid.
35 Referido nas próximas ocorrências como (Ribeiro, 2021).
36 O texto constitucional, ao disciplinar a união estável como modalidade distinta do casamento, dispôs que "Para efeito da proteção do Estado, é reconhecida a união estável entre o homem e a mulher como entidade familiar" (art. 226, § 4º). No julgamento da ADPF nº 132, o Supremo Tribunal Federal reconheceu as uniões estáveis homo e heteroafetivas como iguais para todos os fins. Conforme a decisão do Tribunal, os termos "homem" e "mulher", expressos na legislação, não excluem as uniões homoafetivas do regime jurídico da união estável, uma vez que o sexo das pessoas não é fator constitutivo de desigualdade jurídica.
37 Em manifestação na ADPF nº 132.
38 Referido nas próximas ocorrências como (Ferreira, 2013).
39 Em manifestação na ADPF nº 132.
40 Referida nas próximas ocorrências como (Tonietto, 2022).
41 Em manifestação na ADPF nº 442.
42 O argumento também aparece nas manifestações do IBDR, na ADPF nº 442, 2023 e da Associação Pró-Vida e Pró-Família, também na ADPF nº 442, 2018.
43 Em manifestação na ADPF nº 442.
44 Ibid.

45 Ibid.
46 Ibid.
47 Ibid.
48 Ibid.
49 Ibid.
50 Ibid.
51 Ibid.
52 Ibid.
53 Em manifestação na ADPF nº 442. O argumento também é utilizado pelo IBDR em manifestação na ADPF nº 442.
54 Em manifestação na ADPF nº 442.
55 Ibid.
56 Ibid.
57 Ibid.
58 Ibid.
59 Ibid.
60 São exemplos: Frente da Família, ADPF nº 442, 2017, IDVF, ADPF nº 442, 2017; então deputado Dércio Knopp, PMDB-SC, PL nº 4.703/1998, 1998.
61 Em manifestação na ADPF nº 442.
62 Ibid.
63 Ibid.
64 Ibid.
65 Referida nas próximas ocorrências como (Pelaes, 2014).
66 Em manifestação na ADPF nº 442.
67 Ibid.
68 Referenciado nas próximas ocorrências como (Malta, 2023).
69 Referenciado nas próximas ocorrências como (Frias, 2022).
70 Em manifestação na ADPF nº 467.
71 Ibid.
72 Referido nas próximas ocorrências como (Chrisóstomo, 2023).
73 Em manifestação na ADPF nº 132.
74 Ibid.

## "VERDADEIRAS VÍTIMAS" E SEUS INIMIGOS

1. Em manifestação na ADPF nº 811.
2. PLC nº 160/2009.
3. Em manifestação na ADPF nº 442.
4. Ibid.
5. Ibid.
6. Ibid.
7. Ibid.
8. Em manifestação na ADPF nº 467.

## REALIDADE E IDEOLOGIA

1. Em manifestação na ADPF nº 442.
2. Ibid.
3. Ibid.
4. Ibid.
5. Ibid.
6. Em manifestação na ADPF nº 467.

## AS DIREÇÕES DA "BÍBLIA"

1. COOPER, M., op. cit.
2. FREEDEN, M., op. cit.
3. CUNHA, M. N., op. cit.; COOPER, M., op. cit.; LACERDA, M. B., op. cit.
4. BIROLI, F.; VAGGIONE, J. M.; MACHADO, M. D. C., op. cit.
5. BROWN, W., op. cit., p. 139.
6. ALMEIDA, R. "Evangélicos à direita". *Horizontes Antropológicos*, v. 26, n. 58, pp. 419-36, 2020; CUNHA, M. N., op. cit.; Id. "El ascenso de la derecha religiosa en el Brasil contemporâneo". *Iglesia Viva: Revista de Pensamiento Cristiano*, n. 278, pp. 98-108, 2019; SANTANA, A. T. (Org.). *Derechos en riesgo en América Latina: 11 estudios sobre grupos neoconservadores*. Bogotá: Fundación Rosa Luxemburg, 2020.

7 SALES, L.; MARIANO, R., op. cit.; BIROLI, F.; VAGGIONE, J. M.; MACHADO, M. D. C., op. cit.
8 SALES, L.; MARIANO, R., op. cit.

## CULTURA POLÍTICA DEMOCRÁTICA NA TRINCHEIRA DOS DIREITOS

1 THOMPSON, E. P. *Senhores & caçadores: A origem da lei negra*. Rio de Janeiro: Paz & Terra, 1997, p. 358, grifo no original.

## AGRADECIMENTOS

1 Reflexões resultantes desse debate estão em BRITO, A. S.; REIS, L. S. (Orgs.). *Direitas, radicalismos e as disputas pela linguagem de direitos no Brasil*. São Paulo: Fundação Friedrich Ebert, 2024. No prelo.

# Referências bibliográficas

AGÊNCIA SENADO. "Decretos pró-armas de Bolsonaro enfrentam resistência no Senado". *Senado Notícias*, 23 jul. 2021. Disponível em: <https://www12.senado.leg.br/noticias/materias/2022/2021/07/23/decretos-pro-armas-de-bolsonaro-enfrentam-resistencia-no-senado>. Acesso em: 6 dez. 2023.

ALEXANDER, M. *A nova segregação: Racismo e encarceramento em massa*. São Paulo: Boitempo, 2017.

ALMEIDA, R. "A onda quebrada: Evangélicos e conservadorismo". *Cadernos Pagu*, n. 50, pp. 1-27, 2017. Disponível em: < https://doi.org/10.1590/18094449201700500001>. Acesso em: 1º nov. 2024.

_____. "Bolsonaro presidente: Conservadorismo, evangelismo e a crise brasileira". *Novos Estudos Cebrap*, v. 38, n. 1, pp. 185-213, 2019.

_____. "Evangélicos à direita". *Horizontes Antropológicos*, v. 26, n. 58, pp. 419-36, 2020.

ALMEIDA, R.; TONIOL, R. *Conservadorismos, fascismos e fundamentalismos: Análises conjunturais*. Campinas: Editora da Unicamp, 2018. Disponível em: <https://doi.org/10.1590/S0104-71832020000300013>. Acesso em: 1º nov. 2024.

ALTHEMAN, E.; MARTINS, A.; CAMARGOS, P. "Entre o *Homo oeconomicus* e o *Homo criminalis*: Neoliberalismo, punição e regimes de subjetivação". *Mediações: Revista de Ciências Sociais*, v. 25, n. 2, pp. 339-57, 2020. Disponível em: <https://doi.org/10.5433/2176-6665.2020v25n2p339>. Acesso em: 1º nov. 2024.

ANTUNES, C. "O agro é Aldo: Ex-comunista e ex-ministro de governos do PT articula na Amazônia cruzada contra a agenda ambiental de Lula". *Sumaúma*, 17 abr. 2023. Disponível em: <https://sumauma.com/o-agro-e-aldo-o-ex-comunista-e-ex-ministro-de-governos-do-pt-articula-na-amazonia-cruzada-contra-a-agenda-ambiental-de-lula/>. Acesso em: 10 jan. 2024.

ARANTES, P.F.; FRIAS, F.; MENESES, M.L. *8/1: A rebelião dos manés: Ou esquerda e direita nos espelhos de Brasília*. São Paulo: Hedra, 2024.

ASSOCIAÇÃO BRASILEIRA DO AGRONEGÓCIO – ABAG. *Proposta do agronegócio para o próximo presidente da República: 2010*. São Paulo: Abag, 2010. Disponível em: <https://periodicos.fgv.br/agroanalysis/article/view/26426/25285>. Acesso em: 14 out. 2024.

AVELAR, D. "Brasil tem um novo projeto de lei antitrans por dia, e 'efeito Nikolas' preocupa". *Folha de S.Paulo*, 20 mar. 2023. Disponível em: <https://www1.folha.uol.com.br/poder/2023/03/brasil-tem-um-novo-projeto-de-lei-antitrans-por-dia-e-efeito-nikolas-preocupa.shtml>. Acesso em: 11 maio 2024.

BENETTI, P.R. "Na antessala da bancada da bala: Argumentos contra o Estatuto do Desarmamento (2003)". *Dilemas: Revista de Estudos de Conflito e Controle Social*, v. 15, n. 3, pp. 859-82, 2022. Disponível em: <https://doi.org/10.4322/dilemas.v15n3.42328>. Acesso em: 1º nov. 2024.

BINDE, J.L. *Fé demais não cheira bem: Análise do perfil e atuação da Frente Parlamentar Evangélica (2013-2014)*. Recife: UFPE, 2018. 174 pp. Tese (Doutorado em Ciência Política). Disponível em: <https://repositorio.ufpe.br/handle/123456789/33272>. Acesso em: 1º nov. 2024.

BIROLI, F.; VAGGIONE, J.M.; MACHADO, M.D.C. *Gênero, neoconservadorismo e democracia: Disputas e retrocessos na América Latina*. São Paulo: Boitempo, 2020.

BOBBIO, N.; MATTEUCCI, N.; PASQUINO, G. *Dicionário de política*. Brasília: Editora UnB, 1991. 2 v.

BRAGON, R.; HOLANDA, M. Bolsonaro transforma reforma agrária em programa de entrega de títulos a assentados. *Folha de S.Paulo*, 8 maio 2022. Disponível em: <https://www1.folha.uol.com.br/poder/2022/05/bolsonaro-transforma-reforma-agraria-em-programa-de-entrega-de-titulos-a-assentados.shtml>. Acesso em: 10 jan. 2024.

BRITO, A.S.; REIS, L.S. (Orgs.). *Direitas, radicalismos e as disputas pela linguagem de direitos no Brasil*. São Paulo: Fundação Friedrich Ebert, 2024. No prelo.

BRITO, A.S. et al. "Maré conservadora e política criminal: o 'cidadão de bem' como verdadeiro portador de direitos". *Boletim IBCCRIM*, v. 31, n. 365, pp. 31-34, 2023. Disponível em: <https://publicacoes.ibccrim.org.br/index.php/boletim_1993/article/view/473>. Acesso em: 6 dez. 2023.

BRITO, A.S. et al. *O caminho da autocracia: Estratégias atuais de erosão democrática*. São Paulo: Tinta-da-China Brasil, 2023.

BRONZ, D.; ZHOURI, A.; CASTRO, E. "Apresentação: Passando a boiada: Violação de direitos, desregulação e desmanche ambiental no Brasil".

*Antropolítica: Revista Contemporânea de Antropologia*, n. 49, pp. 8-41, 2020. Disponível em: <https://periodicos.uff.br/antropolitica/article/view/44533>. Acesso em: 1º nov. 2024.

BROWN, W. *Nas ruínas do neoliberalismo*. São Paulo: Politeia, 2019.

BRUNO, R. "Elites agrárias, patronato rural e bancada ruralista". *Observatório de Políticas Públicas para a Agricultura*, n. 9, 2015.

_____. "Bancada ruralista, conservadorismo e representação de interesses no Brasil contemporâneo". In: MALUF, R. S.; FLEXOR, G. (Orgs.). *Questões agrárias, agrícolas e rurais: Conjunturas e políticas públicas*. Rio de Janeiro: E-Papers, 2017. pp. 155-68.

_____. *Um Brasil ambivalente: Agronegócio, ruralismo e relações de poder*. Rio de Janeiro: Mauad, 2019.

BÚRCA, G.; YOUNG, K. G. "The (Mis)Appropriation of Human Rights by the New Global Right: An Introduction to the Symposium". *International Journal of Constitutional Law*, v. 21, n. 1, pp. 205-23, 2023.

CAMARGOS, P. A. P. *Guerra ao crime organizado e política criminal nos governos FHC e Lula: Entre os processos de neoliberalização e as hibridizações da guinada punitiva brasileira*. São Paulo: FFLCH-USP, 2022. 255 pp. Dissertação (Mestrado em Sociologia). Disponível em: <https://repositorio.usp.br/item/003108823>. Acesso em: 1º nov. 2024.

CAMPANTE, R. G. "O patrimonialismo em Faoro e Weber e a sociologia brasileira". *Dados: Revista de Ciências Sociais*, v. 46, n. 1, pp. 153-93, 2003. Disponível em: <https://doi.org/10.1590/S0011-52582003000100005>. Acesso em: 1º nov. 2024.

CAMPOS, M. S. *Pela metade: As principais implicações da nova lei de drogas no sistema de justiça criminal em São Paulo*. São Paulo: Annablume, 2019.

CARVALHO, J. M. "Mandonismo, coronelismo, clientelismo: Uma discussão conceitual". *Dados*, v. 40, n. 2, 1997. Disponível em: <https://doi.org/10.1590/S0011-52581997000200003>. Acesso em: 1º nov. 2024.

_____. *A construção da ordem: Teatro de sombras*. Rio de Janeiro: Civilização Brasileira, 2008.

CARVALHO, J. "Revisão da bibliografia sobre bancadas temáticas e frentes parlamentares no Brasil". *BIB: Revista Brasileira de Informação Bibliográfica em Ciências Sociais*, v. 1, n. 97, pp. 1-16, 2022. Disponível em: <https://bibanpocs.emnuvens.com.br/revista/article/view/562>. Acesso em: 1º nov. 2024.

CASSIMIRO, P. H. P. "A revolução conservadora no Brasil. Nacionalismo, autoritarismo e fascismo no Pensamento Político Brasileiro dos anos 30".

*Revista Política Hoje*, v. 27, ed. esp., pp. 140-61, 2018. Disponível em: <https://periodicos.ufpe.br/revistas/index.php/politicahoje/article/view/231710/29097>. Acesso em: 1º nov. 2024.

CENTRO DE ESTUDOS AVANÇADOS EM ECONOMIA APLICADA. *PIB do agronegócio brasileiro*. Disponível em: <https://www.cepea.esalq.usp.br/br/pib-do-agronegocio-brasileiro.aspx>. Acesso em: 9 jan. 2024.

CESARINO, L. *O mundo ao avesso: Verdade e política na era digital*. São Paulo: Ubu, 2022.

CEZAR, E.; SOUZA, O. B. Ruralistas e bolsonaristas correm para alterar Código Florestal em ano de eleições. *Instituto Socioambiental*, 8 jun. 2022. Disponível em: <https://www.socioambiental.org/noticias-socioambientais/ruralistas-e-bolsonaristas-correm-para-desfigurar-codigo-florestal-em-ano>. Acesso em: 10 jan. 2024.

CONFEDERAÇÃO DA AGRICULTURA E PECUÁRIA DO BRASIL. *O que esperamos do próximo presidente 2015-2018*. Brasília: CNA, 2014. Disponível em: <https://pt.slideshare.net/slideshow/o-que-esperamos-do-prximo-presidente-web/37697671>. Acesso em: 13 out. 2024.

_____. *O futuro é agro*: 2018-2030. Brasília: CNA, 2018. Disponível em: <https://www.cnabrasil.org.br/publicacoes/o-futuro-e-agro-plano-de-trabalho-2018-a-2030>. Acesso em: 13 out. 2024.

COOPER, M. *Family Values: Between Neoliberalism and the New Social Conservatism*. Nova York: Zone Books, 2017.

CUNHA, M. N. "Religião e política: Ressonâncias do neoconservadorismo evangélico nas mídias brasileiras". *Perseu: História, Memória e Política*, n. 11, pp. 147-66, 2016. Disponível em: <https://revistaperseu.fpabramo.org.br/index.php/revista-perseu/article/view/112>. Acesso em: 1º nov. 2024.

_____. "El ascenso de la derecha religiosa en el Brasil contemporâneo". *Iglesia Viva: Revista de Pensamiento Cristiano*, n. 278, pp. 98-108, 2019.

DECKER, J. *The Other Rights Revolution: Conservative Lawyers and the Remaking of American Government*. Nova York: Oxford University Press, 2016.

DEPARTAMENTO INTERSINDICAL DE ASSESSORIA PARLAMENTAR. *Bancadas informais no Congresso: Abordagem preliminar: 57ª legislatura: 2023/2027*. Brasília: Diap, 2022. Disponível em: <https://www.diap.org.br/images/stories/bancadas_informais_congresso_2023_2027.pdf>. Acesso em: 9 jan. 2024.

DIAS, R. B. "Da esquerda católica à esquerda revolucionária: A ação popular na história do catolicismo". *Revista Brasileira de História das Religiões*, v. 1, n. 1, 2008. Disponível em: <https://doi.org/10.4025/rbhranpuh. v111.26635>. Acesso em: 1º nov. 2024.

"DILMA veta 12 artigos no Código Florestal e faz 32 alterações por MP". *Câmara dos Deputados*, 25 maio 2012. Disponível em: <https://www.camara.leg.br/noticias/375043-dilma-veta-12-artigos-no-codigo-florestal--e-faz-32-alteracoes-por-mp>. Acesso em: 1º nov. 2024.

DIP, A. *Em nome de quem? A bancada evangélica e seu projeto de poder*. Rio de Janeiro: Civilização Brasileira, 2018.

DORNELLES, J. R. W. *Conflitos e segurança (entre pombos e falcões)*. Rio de Janeiro: Lumen Juris, 2008.

DUARTE, I.; ASSIS, F.; OLIVEIRA, S. "Bolsonaro volta a falar em legítima defesa e que 'povo armado jamais será escravizado'". *O Estado de São Paulo*, 9 ago. 2022. Disponível em: <https://www.estadao.com.br/politica/bolsonaro-volta-a-falar-em-legitima-defesa-e-que-povo-armado--jamais-sera-escravizado/>. Acesso em: 6 dez. 2023.

DUARTE, T. S. "A participação da Frente Parlamentar Evangélica no Legislativo brasileiro: Ação política e (in)vocação religiosa". *Ciencias Sociales y Religión*, v. 14, n. 17, pp. 53-76, 2012. Disponível em: <https://periodicos.sbu.unicamp.br/ojs/index.php/csr/article/view/8669664>. Acesso em: 1º nov. 2024.

ENGELMANN, F. (Org.). *Sociologia política das instituições judiciais*. Porto Alegre: Editora da UFRGS, 2017.

FAGANELLO, M. A. "Bancada da bala: Uma onda na maré conservadora". In: CRUZ, S. V.; KAYSEL, A.; CODAS, G. (Orgs.). *Direita, volver!: O retorno da direita e o ciclo político brasileiro*. São Paulo: Editora Fundação Perseu Abramo, 2015. pp. 145-62.

FANTI, F. "Movimentos sociais, direito e Poder Judiciário: um encontro teórico". In: ENGELMANN, F. (Org.). *Sociologia política das instituições judiciais*. Porto Alegre: Editora da UFRGS, 2017. pp. 241-74.

FAORO, R. *Os donos do poder: Formação do patronato político brasileiro*. Porto Alegre: Globo, 2001.

FELTRAN, G. "A política como violência". *Terceiro Milênio: Revista Crítica de Sociologia e Política*, v. 17, n. 2, pp. 228-57, 2021.

FLAUZINA, A. L. P. *Corpo negro caído no chão: O sistema penal e o projeto genocida do Estado brasileiro*. Salvador: Brago Negro, 2019.

FLORIDI, U. A. *O radicalismo católico brasileiro*. São Paulo: Hora Presente, 1973.

FOLHAPRESS. "'Brasil acima de tudo': Conheça a origem do slogan de Bolsonaro". *Gazeta do Povo*, 24 out. 2018. Disponível em: <https://www.gazetadopovo.com.br/politica/republica/eleicoes-2018/brasil-acima-de-tudo-conheca-a-origem-do-slogan-de-bolsonaro-7r6utek3uk1axzyruk1fj9nas/>. Acesso em: 1º nov. 2024.

FONTAINHA, F. C. et al. O. "Os juristas da bala, do boi, e da bíblia: Outros usos e mobilizações políticas do Direito?". In: XLV Encontro Anual da Associação Nacional de Pós-Graduação e Pesquisa em Ciências Sociais, 2021, [s.l.]. *Anais...* [S.l.]: Biblioteca Virtual da Anpocs, 2021.

FREEDEN, M. *Ideologies and Political Theory: A Conceptual Approach*. Nova York: Oxford University Press, 1996.

FUNDAÇÃO TIDE SETUBAL. *O conservadorismo e as questões sociais*. Disponível em: <https://conteudo.fundacaotidesetubal.org.br/downloadconservadorismo>. Acesso em: 13 out. 2024.

FURONI, E. "Bolsonaro cita 'terrivelmente evangélico' e parabeniza Mendonça no STF". *CNN*, 1º jan. 2021. Disponível em: <https://www.cnnbrasil.com.br/politica/bolsonaro-cita-terrivelmente-evangelico-e-parabeniza-mendonca-no-stf/>. Acesso em: 14 out. 2024.

"MINISTRO do Meio Ambiente defende passar 'a boiada' e 'mudar' regras enquanto atenção da mídia está voltada para a covid-19". *G1*, 22 maio 2022. Disponível em: <https://g1.globo.com/politica/noticia/2020/05/22/ministro-do-meio-ambiente-defende-passar-a-boiada-e-mudar-regramento-e-simplificar-normas.ghtml>. Acesso em: 9 jan. 2024.

GLOPPEN, S. "Conceptualizing Abortion Lawfare". *Revista Direito GV*, v. 17, n. 3, 2021. Disponível em: <https://doi.org/10.1590/2317-6172202143>. Acesso em: 1º nov. 2024.

GRACINO JUNIOR, P.; GOULART, M.; FRIAS, P. "'Os humilhados serão exaltados': Ressentimento e adesão evangélica ao bolsonarismo". *Cadernos Metrópole*, v. 23, n. 51, pp. 547-79, 2021.

GRAHAM, S. *Cidades sitiadas: O novo urbanismo militar*. São Paulo: Boitempo, 2016.

HARCOURT, B. *The Illusion of Free Markets: Punishment and the Myth of Natural Order*. Cambridge: Harvard University Press, 2011.

HOLANDA, S. B. *Raízes do Brasil*. São Paulo: Companhia das Letras, 1995.

HORWITZ, R. B. "Politics as Victimhood, Victimhood as Politics". *Journal of Policy History*, v. 30, n. 3, pp. 552-74, 2018.

JESUS, M. G. M. *A verdade jurídica nos processos de tráfico de drogas*. São Paulo: D'Plácido, 2019.

KENNEDY, D. "Authoritarian Constitutionalism in Liberal Democracies". In: ALVIAR GARCÍA, H.; FRANKENBERG, G. (Orgs.). *Authoritarian Constitutionalism*. Northampton: Edward Elgar Publishing, 2019.

LACERDA, M. B. *O novo conservadorismo brasileiro: De Reagan a Bolsonaro*. São Paulo: Zouk, 2019.

LAMOUNIER, B. "Formação de um pensamento político autoritário na Primeira República: Uma interpretação". In: FAUSTO, B. (Org.). *História geral da civilização brasileira: O Brasil Republicano*. Rio de Janeiro: Bertrand Brasil, 2006.

LEAL, V. N. *Coronelismo, enxada e voto: O município e o regime representativo no Brasil*. São Paulo: Companhia das Letras, 2012.

LOUGHLIN, M. "The Contemporary Crisis of Constitutional Democracy". *Oxford Journal of Legal Studies*, v. 39, n. 2, pp. 435-54, 2019.

LYNCH, C.; CASSIMIRO, P. H. *O populismo reacionário: Ascensão e legado do bolsonarismo*. São Paulo: Contracorrente, 2022.

MACIEL, A.; PIRES, Y. "Casamento da filha de Nabhan Garcia traz elo entre policial e ruralistas contrários ao MST". *Agência Pública*, 22 mar. 2022. Disponível em: <https://apublica.org/2022/03/casamento-da-filha-de-nabhan-garcia-traz-elo-entre-policial-e-ruralistas-contrarios-ao-mst/>. Acesso em: 9 jan. 2024.

MAINWARING, S. *Igreja Católica e política no Brasil: 1916-1985*. São Paulo: Brasiliense, 1989.

MALLART, F. *Findas linhas: Circulações e confinamentos pelos subterrâneos de São Paulo*. Lisboa: Etnográfica Press, 2021.

MANSO, B. P. *A fé e o fuzil: Crime e religião no Brasil do século XXI*. São Paulo: Todavia, 2023.

MARINI, L. "Damares Alves é confirmada no Ministério da Mulher, Família e Direitos Humanos". *O Estado de São Paulo*, 6 dez. 2018. Disponível em: <https://www.estadao.com.br/politica/bolsonaro-anuncia-damares-alves-no-ministerio-da-mulher-familia-e-direitos-humanos/>. 14 out. 2024.

MARTINS, A. L. *LGBTfobia: Uma história de criminalizações*. São Paulo: Hucitec, 2023.

MEDEIROS, J.; ROCHA, C.; SOLANO, E. *The Bolsonaro Paradox: The Public Sphere and Right-Wing Counterpublicity in Contemporary Brazil*. Cham: Springer, 2021.

MENEZES NETO, A.J. "A Igreja Católica e os movimentos sociais do campo: A Teologia da Libertação e o Movimento dos Trabalhadores Rurais sem Terra". *Caderno CRH*, v. 20, n. 50, pp. 331-41, 2007. Disponível em: <https://doi.org/10.1590/S0103-49792007000200010>. Acesso em: 1º nov. 2024.

MINHOTO, L.D. "Encarceramento em massa, *racketeering* de Estado e racionalidade neoliberal". *Lua Nova: Revista de Cultura e Política*, n. 109, pp. 161-91, 2020. Disponível em: <https://doi.org/10.1590/0102-161191/109>. Acesso em: 1º nov. 2024.

MIRANDA, J.V.S. *Composição e atuação da "bancada da bala" na Câmara dos Deputados*. Belo Horizonte: UFMG, 2019. 271 pp. Dissertação (Mestrado em Ciência Política). Disponível em: <https://repositorio.ufmg.br/handle/1843/30892>. Acesso em: 1º nov. 2024.

MISSE, M.; GRILLO, C.C.; NERI, N.E. "Letalidade policial e indiferença legal: A apuração judiciária dos 'autos de resistência' no Rio de Janeiro (2001-2011)". *Dilemas: Revista de Estudos de Conflito e Controle Social*, ed. esp., pp. 43-71, 2015. Disponível em: <https://revistas.ufrj.br/index.php/dilemas/article/view/7316>. Acesso em: 1º nov. 2024.

NOBRE, M. *Imobilismo em movimento: da abertura democrática ao governo Dilma*. São Paulo: Companhia das Letras, 2013.

((O))ECO. "MP da Grilagem inconstitucional". *((o))eco*, 24 jun. 2009. Disponível em: <https://oeco.org.br/salada-verde/21986-mp-da-grilagem-inconstitucional/>. Acesso em: 9 jan. 2024

_____. "O que é uma área de preservação permanente". *((o))eco*, 12 ago. 2013. Disponível em: <https://oeco.org.br/dicionario-ambiental/27468-o-que-e-uma-area-de-preservacao-permanente/>. Acesso em: 10 jan. 2024.

_____. "O que é reserva legal". *((o))eco*, 20 ago. 2013. Disponível em: <https://oeco.org.br/dicionario-ambiental/27492-o-que-e-reserva-legal/>. Acesso em: 10 jan. 2024.

_____. "O que é a compensação ambiental". *((o))eco*, 30 jan. 2015. Disponível em: <https://oeco.org.br/dicionario-ambiental/28899-o-que-e-a-compensacao-ambiental/>. Acesso em: 10 jan. 2024.

OLIVEIRA, R. "'Nenhum centímetro de terra indígena': Como o governo Bolsonaro agiu para cumprir promessa". *Agência Pública*, 27 abr. 2023. Disponível em: <https://apublica.org/2023/04/nenhum-centimetro-de-terra-indigena-como-o-governo-bolsonaro-agiu-para-cumprir-promessa/>. Acesso em: 9 jan. 2024.

PACHECO, R. "Como nasce o nacionalismo cristão: Parte 1". *Uol*, 5 dez. 2021. Disponível em: <https://noticias.uol.com.br/colunas/ronilso-pacheco/2021/12/05/como-nasce-o-nacionalista-cristao---parte-1.htm>. Acesso em: 23 jun. 2022.

_____. "André Mendonça no STF consolida chegada da direita religiosa ao poder. *Uol*, 8 dez. 2021. Disponível em: <https://noticias.uol.com.br/colunas/ronilso-pacheco/2021/12/08/nacionalismo-cristao.htm>. Acesso em: 23 jun. 2022.

PAYNE, L.A.; ZULVER, J.; ESCOFFIER, S. *The Right Against Rights in Latin America*. Oxford: Oxford University Press, 2023.

"PESQUISA do Iser levanta mapa da identidade religiosa dos deputados e deputadas federais empossados". Religião e Poder, 12 dez. 2022. Disponível em: <https://religiaoepoder.org.br/artigo/pesquisa-do-iser-levanta-identidade-religiosa-dos-deputados-e-deputadas-federais-diplomados/>. Acesso em: 1º nov. 2024.

PINHEIRO FILHO, F.A. "A invenção da ordem: Intelectuais católicos no Brasil". *Tempo Social*, v. 19, n. 1, pp. 33-49, 2007. Disponível em: <https://doi.org/10.1590/S0103-20702007000100003>. Acesso em: 1º nov. 2024.

POMPEIA, C. "Concertação e poder: O agronegócio como fenômeno político do Brasil". *Revista Brasileira de Ciências Sociais*, v. 35, n. 104, 2020. Disponível em: <https://doi.org/10.1590/3510410/2020>. Acesso em: 1º nov. 2024.

POMPEIA, C. "A reascensão da extrema direita entre representações políticas dos sistemas alimentares". *Antropolítica: Revista Contemporânea de Antropologia*, n. 53, 2021. Disponível em: <https://periodicos.uff.br/antropolitica/article/view/49653>. Acesso em: 1º nov. 2024.

_____. As cinco faces ambientais do agronegócio. *Folha de S.Paulo*, 25 fev. 2021. Disponível em: <https://www1.folha.uol.com.br/opiniao/2021/02/as-cinco-faces-ambientais-do-agronegocio.shtml>. Acesso em: 3 mar. 2023.

_____. *Formação política do agronegócio*. São Paulo: Elefante, 2021.

_____. "O agrobolsonarismo". *Revista Piauí*, jan. 2022. Disponível em: <https://piaui.folha.uol.com.br/materia/o-agrobolsonarismo/>. Acesso em: 13 mar. 2023.

POMPEIA, C.; SCHNEIDER, S. "As diferentes narrativas alimentares do agronegócio". *Desenvolvimento e Meio Ambiente*, v. 57, pp. 175-98, 2021. Disponível em: <https://doi.org/10.5380/dma.v57i0.77248>. Acesso em: 1º nov. 2024.

PRADO JÚNIOR, C. "Formação do Brasil contemporâneo". In: SANTIAGO, S. (Org.). *Intérpretes do Brasil*. Rio de Janeiro: Nova Aguilar, 2000. v. 3, pp. 1103-488.

PRANDI, R.; SANTOS, R. W. "Quem tem medo da bancada evangélica? Posições sobre moralidade e política no eleitorado brasileiro, no Congresso Nacional e na Frente Parlamentar Evangélica". *Tempo Social*, v. 29, n. 2, pp. 187-214, 2017. Disponível em: <https://doi.org/10.11606/0103-2070.ts.2017.110052>. Acesso em: 1º nov. 2024.

PRAZERES, L. "Como ruralistas reagiram ao STF e aprovaram marco temporal". *BBC News Brasil*, 27 set. 2023. Disponível em: <https://www.bbc.com/portuguese/articles/c4nxd9d93p50>. Acesso em: 5 mar. 2024.

QUADROS, M. P. R. "O conservadorismo católico na política brasileira: Considerações sobre as atividades da TFP ontem e hoje". *Estudos de Sociologia*, v. 18, n. 34, 2013. Disponível em: <https://periodicos.fclar.unesp.br/estudos/article/view/5219>. Acesso em: 1º nov. 2024.

RAJÃO, R. et al. *Uma breve história da legislação florestal brasileira*. Florianópolis: Expressão, 2021.

ROCHA, C. *Menos Marx, mais Mises: O liberalismo e a nova direita no Brasil*. São Paulo: Todavia, 2021.

ROSA, A.; AMARAL, M.; SANTOS, V. "Aborto legal em disputa: Tentativas de ampliação e restrição do direito nos últimos 20 anos". *Nexo Políticas Públicas*, 25 nov. 2022. Disponível em: <https://pp.nexojornal.com.br/linha-do-tempo/2022/Aborto-legal-em-disputa-tentativas-de-ampliação-e-restrição-do-direito-nos-últimos-20-anos>. Acesso em: 14 out. 2024.

SALES, L. "O ativismo católico: Bioética, direitos reprodutivos e gênero". *Revista Estudos Feministas*, v. 29, n. 3, 2021. Disponível em: <https://doi.org/10.1590/1806-9584-2021v29n371678>. Acesso em: 1º nov. 2024.

SALES, L.; MARIANO, R. "Ativismo político de grupos religiosos e luta por direitos". *Religião & Sociedade*, v. 39, n. 2, pp. 1-225, 2019. Disponível em: <https://doi.org/10.1590/0100-85872019v39n2editorial>. Acesso em: 1º nov. 2024.

SANTANA, A. T. (Org.). *Derechos en riesgo en América Latina: 11 estudios sobre grupos neoconservadores*. Bogotá: Fundación Rosa Luxemburg, 2020.

SCHWARCZ, L. M. *Sobre o autoritarismo brasileiro*. São Paulo: Companhia das Letras, 2019.

SCHEINGOLD, S. *The Politics of Rights: Lawyers, Public Policy, and Political Change*. Ann Arbor: University of Michigan Press, 2004.

SCHEPPELE, K.L. "Autocratic Legalism". *The University of Chicago Law Review*, 2018.

SIMON, J. *Governing Through Crime: How the War on Crime Transformed American Democracy and Created a Culture of Fear*. Nova York: Oxford University Press, 2007.

SOARES, M. "Confira os vetos do presidente Lula ao PL do 'marco temporal'". *Notícias Socioambientais*, 25 out. 2023. Disponível em: <https://www.socioambiental.org/noticias-socioambientais/confira-os-vetos-do-presidente-lula-ao-pl-do-marco-temporal>. Acesso em: 5 mar. 2024.

SPYER, J.; TEIXEIRA, J. *Evangélicos à esquerda no Brasil*. Disponível em: <https://iser.org.br/wp-content/uploads/2021/12/comunicacoesiser_73_2021-1.pdf>.

"SUSPENSOS efeitos de parecer da AGU sobre terras indígenas até julgamento final de RE sobre o tema". *Supremo Tribunal Federal*, 7 maio 2020. Disponível em: <https://portal.stf.jus.br/noticias/verNoticiaDetalhe.asp?idConteudo=442891>. Acesso em: 10 jan. 2024.

"STF DEFINE tese de repercussão geral em recurso que rejeitou marco temporal indígena". *Supremo Tribunal Federal*, 27 set. 2023. Disponível em: <https://portal.stf.jus.br/noticias/verNoticiaDetalhe.asp?idConteudo=514834>. Acesso em: 5 mar. 2024.

"PARTIDOS pedem que Supremo valide lei do marco temporal". *Supremo Tribunal Federal*, 28 dez. 2023. Disponível em: <https://portal.stf.jus.br/noticias/verNoticiaDetalhe.asp?idConteudo=523472>. Acesso em: 10 jan. 2024.

"ENTIDADE indígena e partidos pedem que STF invalide lei do marco temporal". *Supremo Tribunal Federal*, 29 dez. 2023. Disponível em: <https://portal.stf.jus.br/noticias/vernoticiadetalhe.asp?idconteudo=523553>. Acesso em: 4 mar. 2024.

"STF RECEBE mais uma ação contra lei que institui o marco temporal indígena". *Supremo Tribunal Federal*, 2 jan. 2024. Disponível em: <https://portal.stf.jus.br/noticias/verNoticiaDetalhe.asp?idConteudo=523742>. Acesso em: 4 mar. 2024.

SYLVESTRE, J. *Irmão vota em irmão: Os evangélicos, a Constituinte e a Bíblia*. Brasília: Pergaminho, 1986.

TUSSINI, G. "Congresso derruba veto ao marco temporal das terras indígenas". *((o))eco*, 14 dez. 2023. Disponível em: <https://oeco.org.br/noticias/congresso-derruba-veto-ao-marco-temporal-das-terras-indigenas/>. Acesso em: 5 mar. 2024.

TUSSINI, G. "Instituto Socioambiental pede para ingressar em 3 ações que contestam o Marco Temporal no STF". *((o))eco*, 15 jan. 2024. Disponível em: <https://oeco.org.br/salada-verde/instituto-socioambiental-pede-para-ingressar-em-3-acoes-que-contestam-o-marco-temporal-no-stf/>. Acesso em: 5 mar. 2024.

THOMPSON, E. P. *Senhores & caçadores: A origem da lei negra*. Rio de Janeiro: Paz & Terra, 1997.

VITAL, C.; MOURA, J. L. (Orgs.). *Evangélicos à esquerda no Brasil: Entrevistas com lideranças e coletivos nas eleições de 2020*. Rio de Janeiro: Iser, 2021.

WACQUANT, L. *Punir os pobres: A nova gestão da miséria nos Estados Unidos*. Rio de Janeiro: Revan, 2003.

WEBER, M. *Ensaios de sociologia*. Rio de Janeiro: LTC, 2010.

WHITEHEAD, A. L.; PERRY, S. L. *Taking America Back for God: Christian Nationalism in the United States*. Nova York: Oxford University Press, 2020.

WODAK, R. "The Discourse-Historical Approach". In: WODAK, R.; MEYER, M. (Orgs.). *Methods of Critical Discourse Analysis*. Londres: Sage, 2001. pp. 63-94.

WOHNRATH, V. P. *Constituindo a nova república: Agentes católicos na Assembleia Nacional 1987-1988*. Campinas: Unicamp, 2017. 312 pp. Tese (Doutorado em Educação).

_____. "Duas dinâmicas, dois resultados: A Igreja Católica na Assembleia Nacional Constituinte 1987-1988". *Pro-Posições*, v. 28, n. 3, pp. 242-70, 2017. Disponível em: <https://doi.org/10.1590/1980-6248-2017-0020>. Acesso em: 1º nov. 2024.

# Sobre o LAUT

O Centro de Análise da Liberdade e do Autoritarismo (LAUT) é uma instituição independente e apartidária de pesquisas interdisciplinares. Fundado em São Paulo no início de 2020 por pesquisadores, professores, juristas e advogados comprometidos, tem produzido e disseminado conhecimento sobre a qualidade do Estado de direito e da democracia na universidade, na imprensa e em outras esferas do debate público, procurando uma forma de diálogo entre o direito e a sociedade brasileira.

O LAUT tem como objetivo monitorar as diversas manifestações do autoritarismo e de repressão às liberdades, a fim de fundamentar a mobilização da sociedade civil e a defesa das liberdades. A organização ainda tem uma parceria com a revista *Quatro Cinco Um*, onde assina mensalmente uma seção fixa de textos em torno desses temas, além de ter publicado duas temporadas do podcast Revoar. Para conhecer mais sobre o centro, visite o site laut.org.br.

# Sobre as autoras

ADRIANE SANCTIS DE BRITO, associada ao Departamento de História de Harvard e codiretora do Centro de Análise da Liberdade e do Autoritarismo (LAUT), é autora de *Seeking Capture, Resisting Seizure* (Max Planck, 2023), coautora de *O caminho da autocracia* (Tinta-da-China Brasil, 2023) e organizou, com Luciana Reis, o livro *Direitas, radicalismos e as disputas pela linguagem de direitos no Brasil* (FES/LAUT, 2024).

LUCIANA SILVA REIS, professora da Faculdade de Direito da Universidade Federal de Uberlândia (UFU), pesquisadora associada ao Núcleo Direito e Democracia do Centro Brasileiro de Análise e Planejamento (NDD-Cebrap) e cofundadora do Centro de Análise da Liberdade e do Autoritarismo (LAUT), organizou, com Adriane Sanctis, o livro *Direitas, radicalismos e as disputas pela linguagem de direitos no Brasil* (FES/LAUT, 2024).

ANA SILVA ROSA, doutoranda em Ciência Política pelo Instituto de Estudos Sociais e Políticos da Universidade do Estado do Rio de Janeiro (Iesp-Uerj) e pesquisadora do Centro de Análise da Liberdade e do Autoritarismo (LAUT), foi *visiting researcher* no Afro-Latin American Research Institute da Universidade de Harvard.

MARIANA CELANO DE SOUZA AMARAL, mestre em Sociologia pela Universidade de São Paulo (USP) e pesquisadora do Centro de Análise da Liberdade e do Autoritarismo (LAUT), é coautora de *O caminho da autocracia* (Tinta-da-China Brasil, 2023).

© LAUT – Centro de Análise da Liberdade e do Autoritarismo

*Esta edição segue o Novo Acordo da Língua Portuguesa*

**APOIO** Fundação Tide Setubal

1ª edição: dez. 2024
1 mil exemplares

**EDIÇÃO** Tinta-da-China Brasil
**TRADUÇÃO DO PREFÁCIO** Roberta Fabbri Viscardi
**PREPARAÇÃO** Henrique Torres
**REVISÃO** Luiza Gomyde · Karina Okamoto
**COMPOSIÇÃO** Isadora Bertholdo
**ILUSTRAÇÃO DE CAPA** Veridiana Scarpelli

TINTA-DA-CHINA BRASIL
**DIREÇÃO GERAL** Paulo Werneck · Victor Feffer (assistente)
**DIREÇÃO EXECUTIVA** Mariana Shiraiwa
**DIREÇÃO DE MARKETING E NEGÓCIOS** Cléia Magalhães
**EDITORA EXECUTIVA** Sofia Mariutti
**ASSISTENTE EDITORIAL** Sophia Ferreira
**COORDENADORA DE ARTE** Isadora Bertholdo
**DESIGN** Giovanna Farah · Beatriz F. Mello (assistente) · Sofia Caruso (estagiária)
**COMUNICAÇÃO** Clarissa Bongiovanni · Yolanda Frutuoso · Livia Magalhães (estagiária)
**COMERCIAL** Lais Silvestre · Leandro Valente · Paulo Ramos
**ADMINISTRATIVO** Karen Garcia · Joyce Bezerra (assistente)
**ATENDIMENTO** Victoria Storace

Todos os direitos desta edição reservados à
**Tinta-da-China Brasil/Associação Quatro Cinco Um**

Largo do Arouche, 161, SL2
República · São Paulo · SP · Brasil
editora@tintadachina.com.br
tintadachina.com.br

DADOS INTERNACIONAIS DE CATALOGAÇÃO NA PUBLICAÇÃO (CIP) DE ACORDO COM ISBD

L525    A lei da bala, do boi e da Bíblia: cultura democrática em crise na disputa por direitos / Adriane Sanctis de Brito... [et al.]. - São Paulo : Tinta-da-China Brasil, 2024.
232 p. ; 14cm x 21cm. - (LAUT ; v.2)

Inclui bibliografia.
ISBN: 978-65-84835-34-4

1. Ciências políticas. 2. Política. 3. Democracia. 4. Direito. I. Brito, Adriane Sanctis de. II. Reis, Luciana Silva. III. Rosa, Ana Silva. IV. Amaral, Mariana Celano de Souza. V. Titulo. VI. Série.

2024-4070                                        CDD 320
                                                          CDU 32

Elaborado por Odilio Hilario Moreira Junior - CRB-8/9949

ÍNDICES PARA CATÁLOGO SISTEMÁTICO

1. Ciências políticas 320
2. Ciências políticas 32

*A lei da bala, do boi e da Bíblia*
foi composto em Adobe Caslon Pro e
Runda, impresso em papel offset 90g,
na Ipsis, em novembro de 2024